别输在不敢提要求上

敢提要求胜过十倍默默努力

[美]琳达·拜厄斯·斯温德林
LINDA BYARS SWINDLING 著
翁婉仪 译

Ask Outrageously:
The Secret to Getting What You Really Want

江苏凤凰文艺出版社
JIANGSU PHOENIX LITERATURE AND ART PUBLISHING, LTD

致我非凡的家庭，感谢你们和你们所做的一切。致我的客户，所有参加这个项目的了不起的专业人士。致所有看这本书后变得大胆，敢于寻求非凡结果的人。你们值得拥有自己想要的。

目录
CONTENTS

序

想要什么，大声说出来

你能保守秘密吗？

如果你暂时没有自己真正想要的东西，或许是因为没有索求或者勉强接受所得少于应得这个现状。

想知道更多？

你错过的机会数量让我感到担忧。根据多年的经验和研究，我知道你错过了很多本可以得到更多的机会。而当真的提出请求时，你却把时间浪费在了过度准备和注定没有结果或一定会被拒绝的目标上。虽然做了准备工作，有一定的经验和能力，但你还是没有发现对自己最重要的事。

想要证据？

这里有一份最新的经得起考验的研究。我们邀请了超过 1000 位（确切地说是 1163 位）各行各业的人参与“大胆提出请求”研究。他们透露了自己不愿提出请求的原因和在索求时出现的问题。他们的回答揭示了人们在索求的内容和方法上的不足。我们得到的数据显示，公众在对自己被拒绝的原因上有着错误的认识。我写这本书的原因之一就是澄清这些误解，让你知道自己的努力到底为什么没有成效。我也想让你知道你不是一个人。研究显示，80% 的人认为我们可以通过改进索求的方式来改善得到的结果。剩余 20% 的人表示，自己能够有效地提出请求，他们中的很多人表示不理解为什么有人明明有机会提出请求却始终保持沉默。

最重要的是什么？

阻止自己提出更好的索求，当然也阻止了自己得到更好的结果。根据我的经验，以我们的研究为基础，我可以告诉你你的障碍就是你自己。你需要感受到那种恐惧，然后仍旧大胆地提出请求。

第一时间提出请求

想象一下自己坐在《今夜秀》[①]（*The Tonight Show*）的摄

---

① 美国著名脱口秀节目。——译者注

影棚里，在还没正式开始前主持人杰·雷诺（Jay Leno）让观众向他提问。出人意料的是，他第一个选中了我，这件事就这么发生在了我身上。我有两个问题：首先是关于工作的问题，然后我打算要求在舞台上跟他合影。

他回答了我的第一个问题。但在我请求合影前，他转身去回答了另一位女士的问题。她请求跟他合影，而那正是我想要的。就在她往舞台上走时，杰再次转向我，他说："这也是你想提的，是吗？合影。"我点点头准备站起来，他却示意我坐着。他摇了摇头，说了一句让我永生难忘的话。"对不起，你并没有提这个请求，是她提的。"

现在回想起那次经历，我还是会感到沮丧。我没有第一时间说出自己真正想要的，而是将它搁置一旁，花费不必要的精力去找寻我不需要的信息。并不是只有我一个人没有成功地说出自己想要的。在我们的研究中，有三分之二的人想提出大胆的请求，却始终没有将其说出口。他们等待着一个合适的时间请求升职加薪，请求搬迁费甚至是大学生活费。然而不久后，他们看着别人得到了自己想要的东西。跟我一样，他们思考了这些请求，却始终没有实践或者一直在等待，希望搜集更多的信息。

自己提请求

有一次我和丈夫格雷格带女儿泰勒参加学校的嘉年华。女儿看到一个面部彩绘的摊子，告诉我们说："我想要在脸上画画，画一只蝴蝶。"我丈夫回应："好的，票在这里，拿着去跟他们要你想要的吧。爸爸和妈妈在这等你。”但泰勒的想法与我们不同，她希望我们去跟摊主说。她不断地恳求，抗议，最后格雷格弯下腰看着她的眼睛说道：“妈妈和我不想在脸上画画，我们不想要蝴蝶。如果你想在自己的脸上画画，就自己去说。我们会在这里看着你，你会没事的。”

泰勒不情愿地走向那个摊子。画完后，她蹦蹦跳跳地回来了。她对自己脸上紫粉色的蝴蝶很满意，也对自己大胆提出请求的举动感到骄傲。整个晚上她都在不同的摊子前索要自己想要的东西。虽然由我们代替她提出请求是一件很简单的事，但我们给这位小小的学龄儿童上了一堂很多成年人都未曾拥有的课：你必须自己为自己提请求。

索求并不是一项可以交付给别人或者避开不做的任务，不能等着别人发现你应该得到更多而替你说话。当律师的时候，我能强势地跟别人谈判并且为别人提出请求，然而却很少替自己索求。虽然为客户争取了最大的利益，但我自己却因想要避免表现得贪心或自私，影响了自身的利益。其实，如果我提出请求，别人会很乐于帮助我。我的客户得到了满意的结果，而我自己却因为不愿提出请求而丧失了本可以得到的东西。

跨出舒适带

我在法学院的第一年是痛苦的。那段日子里，我不断质疑自己的能力和选择。更糟糕的是，我和一堆看起来能听懂教授上课的人坐在一个教室里。很多同学在听课时能心领神会地点头。还有些会做评论，以此显示他们对教材的掌握程度。

我的学习方法跟这些自信的法学学者不一样，那就是掩藏自己的无知，尽量不要让别人注意到我，祈祷教授不要叫我回答问题。

还有另一个压力让我选择保持沉默。有些学生对大胆提出“愚蠢”问题的同学嗤之以鼻。这些“精英”会嘲笑他们，向他们翻白眼或者摇头。这些浑身优越感的人制造了一种“寒蝉效应”[①]。在我成为法学专家前，每天我都担心成为“窘迫专家”。所以我选择隐藏自己，拼命地记笔记，期盼着一些永远不会发生的顿悟。

有一天，在合同课上，我感到极其抓狂和困惑。内心激烈斗争后，我确信无法毕业会比问问题更严重，更窘迫。于是我腼腆地举起了手，问了教授“允诺禁反言”[②]这个概念。

你猜怎样？教授很乐意回答这个问题。他说这是一个相当常见的问题。经过他的解释，这个概念再也没有困扰我。而在过去的一个月里，我一直一声不吭地坐着，避免跟教授有眼神接触。直到那天，提问帮助我理解了一个法律概念。对知识的理解让我感到如释重负，跨出舒适带获得的结果是为避免尴尬而躲躲闪闪无法给予的。当教授们发现我对法律感兴趣时，他们中的几位表示愿意成为我的导师。更让人惊讶的是，我和班上其他对知识点

---

① 法律用语。特指在讨论言论自由或集会自由时，人们因害怕言论遭到国家的刑罚，或是必须面对高额的赔偿，不敢发表言论，如同蝉在寒冷天气中噤声一般。此处戏指学生因害怕被嘲笑而不敢提问。——译者注

② 不允许允诺人对已使守诺人产生信赖的诺言进行反悔。——译者注

有疑惑的同学以及一些学长学姐建立了良好的关系。另一个额外收益，是学长学姐们会跟我介绍教授们的信息并且分享自己一年级时的笔记。

的确，所有的评价和嘲笑都是针对我“愚蠢”的问题和我的无知。但你们知道吗，那些嘲笑我的学生没有一个人可以给我打分、给我实习的机会或者帮我付学费。一旦释放了自己，我便开始自如地问问题。我还做了一个非常大胆的举动：邀请两位非常有名的作者参加我们学校的招待会，并且在她们到达学校时自如地与她们对话。你知道嘛，女权主义者格劳瑞亚·斯坦尼姆（Gloria Steinem）和第一位出现在美国最高法院的女性律师萨拉·韦丁顿（Sarah Weddington）都答应了我的请求。提问和展现自己的缺点让我获得了高学分，提高了在班级中的名次，并且让我在完成学业后得到了一份工作。

一个学龄儿童拒绝跟嘉年华摊主交流或者一个法学学生害怕提问，这些跟你有什么关系？事实上关系很大。大胆提出请求会让请求者感到害怕和不舒服，所以很多人因为有不安感而选择沉默。我们总是在担心别人对我们的看法或者担心我们的准备工作是否充足。

你不知道有什么是自己不知道的

我请了商业指导顾问伊莱恩帮助我拓展法律生意。几年前她问了我这样一个问题：“我们帮你获得了翻倍的收益，你也有更多的时间与家人在一起了，但是你看起来还是不快乐。如果不用担心钱，你可以做任何事，你想做什么？”我说我喜欢在会议上演讲和指导别人，虽然我不收费。她回答：“你知道，很多人靠演讲和指导赚钱，对吧？”但我并不知道。我以为只有老师和教授才能靠指导赚钱。我以为其他一些专家都是免费开课，为的是吸引更多客户。伊莱恩邀请我加入了全国演讲家协会（National Speakers Association）。在那里我认识了许多专业人士。他们都是从其他行业转职为靠演讲、写作和说话谋生的，有些和我一样也曾从事法律工作。

不要自以为知道对方会如何回答

几年前，我打电话给一个出版社想要投诉一个领导培训计划。被转接了好几次，最后终于连上了一个“可以帮助我解决问题的领导”。问题解决后，他问我作为律师为什么会对领导力和交流计划感兴趣。谈话中，我们讨论了我从律师转行做高管发展培训的故事。挂电话前，我“大胆”地问他要不要新作者。

先说明一下，这个请求没有不合适也没有很无礼。然而，对我来说这是很大胆的举动，因为这超出了我对规范的理解。直接询问出版社编辑是否需要新书并不是常规做法。出版社有自己的出版计划。然而即使知道这一点，我还是这样问了。

如果不问，你怎么知道对方会如何回应?

你的舒适带无法告诉你别人会如何回复你的请求。很明显，我的请求对这个编辑来说已经是另一个问题了。然而这个大胆的请求给我带来了非凡的结果，它让我获得了自己的第一本出版物以及接下来的所有。那段对话和那个请求是20年前我创办高管发展公司和开展专业的职业发展演讲的关键。想象一下，那个不再担心、顾虑或自我质疑的、战胜恐惧提出请求的你，有多大的力量。

勇敢一些

勇敢的人不畏惧索求，我们的儿子帕克一直是一个索求大师。有一次，我们一家人在一家餐厅门口排队等待用餐，转身发现帕克不见了。心急如焚的我们突然看见他坐在餐厅里和一个与他年龄相仿的小男孩一家一起吃比萨。我们去找他，问他是如何认识这个小男孩的，在学校、教堂还是童子军营？“都不是，”那个妈妈笑了起来，“我们是刚刚认识帕克的。他说自己肚子饿，问是否能够加入我们。”

成年后，成为会计的帕克还是无所畏惧地提出请求。他在音乐会现场让维多利亚嫁给他。更确切地说，是在音乐会演奏一半的时候，他为她唱了一首歌，在舞台中间，在所有观众面前，在他的朋友和现场直播前。他还有更大胆的请求。在这件事发生的前几天，他问指挥和乐队是否可以打断他们的演出，让他唱一首自己最喜欢的歌。还有，他问他们是否可以学习这首歌为他伴奏。幸好，结局很喜人。乐队同意了，维多利亚也同意了。

你是否认识一些随时都能提出请求而且从不迟疑的人？观察他们。他们可能是一些不达目的不罢休的小孩，也可能是你的朋友、一个了不起的人，或者是一个销售员。也许他们自己做生意，是协会里的决策者，也许他们是服务提供者，又或者是非营利机构的募捐员。他们经常跨出大众的舒适带提出请求，并且总是能够得到自己想要的。

时刻记得提出请求

进行这本书中的研究需要我大胆地提出请求。在即将与出版社的编辑见面的10天前，也是我在新加坡管理大学做关于这个主题的TEDx演讲的两周前，我需要公布“大胆提出请求”的研究结果。然而当时遇到了一个问题，我们没有得到目标800人的研究反馈。3个月来，有562人给了我们有效的反馈，但这远远低于我想要的取样数。与之前两本书所做的研究相比，这次的研究进展缓慢，而且时间所剩无几。

最终，我放下骄傲，把自己遇到的问题发在了社交媒体上。我询问了一些女性演讲同事她们会怎么做，并向她们坦白时间所剩无几。你猜她们问了我什么问题？

对。她们想知道我有没有大胆地提出请求。说实话，我的答案是没有。想象一下这个尴尬的场面。我不断地演讲，不断地写书鼓励大家大胆提出请求，然而我自己却没有请求别人的帮助。我的朋友把我告诉别人的话拿来告诉我：直接请求别人的帮助，抛开一切没意义的东西，不要把自己的请求藏起来，大胆地索要自己想要的。

大约几分钟后，我的一位演讲界朋友给我写了一个请求模板。

她告诉我在社交媒体上 @ 朋友然后再让他们分别 @10 个自己的朋友。虽然我不想麻烦别人，并且对提出这样的请求感到不舒服，但还是深吸了一口气并在社交媒体上发出了我的请求。之后，我见证了大胆提出请求的力量。短短几天内，我们就达到了收获 800 个人反馈这个目标，然后是惊人的 1000 个人反馈。一周后，调查结束时，共有 1163 个有效反馈。稍微展示自己的脆弱并提出请求，这让我收获了巨大的回报。

几年来，我一直在观察自己、客户及爱的人如何放弃索求或者勉强接受比自己想要的少得多的处境。所以，我开始探索并做了这个研究。

之所以写这本书是因为：

我对自己在乎的人忽视自己的努力和才能，或没有得到应得的报酬感到好奇又生气。我希望纠正他们对请求被拒绝的错误认识，并且帮助他们关注真正有价值的事情。

我想感谢那些教会我如何变得强势大胆，教会我走出舒适带的人们。同时，我也需要提醒自己和大家在必要时展示出自己的脆弱，寻求别人的帮助。

我希望这本书在很早之前就有了，这样我就可以看，学会如何毫无保留地提出请求来帮助我节省一大笔开支。我花费的精力也可以用在更有价值的地方。大胆提出请求可以让我免受那几年自我怀疑、犹豫不决以及因审讯和出错而焦头烂额的痛苦。

过去几年里，我认识到领导、导师和教练发自内心地想要帮助自己所带的人。他们关心下属的成长和发展，以及他们对成功的追求。（温馨提示：如果下属知道该如何提请求，他们的效率能提升多少？如果你管理和影响的人都跟你一样，你们能做出多么伟大的事？）

我希望这本书中的方法和见解能加快你的学习进度。知道自己迅速地提高请求能力很重要。同时，我知道你不仅能改变自己的处境，也可以尽自己所能给别人创造机会。

琳达

这本书能给你什么？

看了这本书后，你能更好地知道自己该在何时何地提出请求。你会知道在工作和生活中自信又坦率地提出请求的最好方式。这本书一步步地教你如何获得突破性成效并且索求比你认为的更多的东西。

非凡的定义

根据韦氏词典，“非凡”的意思是“超出寻常界限的，非常规或讲求实际的，极好的”。在本书中，“大胆地提出请求”意味着跨出自己的舒适带提请求。大胆与令人讨厌并不相同。大胆的请求并不负面或者含欺诈性质，也不会占别人的便宜。相反，大胆提出请求的人常常因为得到比平常更非凡的结果和更良好的人际关系而感到惊讶。

这个想法是怎么来的

几年前，一个客户请我与一群专业的高级销售人员共事。其中有几个表现不佳的销售人员让我的客户很是烦心，他们会为自己争辩，找理由，并且拒绝向客户推销新产品。忍无可忍之下，我们两个决定设置一场“索求”竞赛。我们给他们额外一个小时的午休时间，将他们分成几个小组，给每组 20 美金，把他们送去度假村旁边的高级商场。他们的挑战很简单：去索要更多然后回来汇报自己的战绩。

当各个组回来时，他们的差距让人震惊。其中一组决定退出然后去了酒吧；另一组自己加了 10 美金买了一些促销化妆品；还有一组买了买一送一的晚餐券，将总金额提升到 40 美金；最后两组通过索要小样、折扣和赠品，带回了价值 100 美金的商品，他们的表现远远超过了自己的同伴。（你觉得哪两个组的销售业绩会更好，推广出更多新产品呢？）

于是，我们对这个挑战进行了完善。虽然很多人汇报的成果很小，但也有些获得了非凡的结果。虽然给了很短的期限，指导方针也只有“去提出请求然后汇报你的结果”。各行各业不同职位的参与者们分别获得了非凡的结果。比如：

请求升职或加薪，被同意了。

请求并修复或改善了人际关系。

请求并创造了新的商机或业务线。

请求并得到了自己原本享受不到的服务。

请求并收回了债款或者削减了经营费用。

请求并被给予房产，包括房子及其他建筑。

通过额外的培训，借助工具和偶尔的辅导，人们不断地提出请求并获得了超出预期的结果。大部分人把他们获得的成功归结为能够强势地交流和拥有大胆提出请求的新视野。

这本书里有什么？

这本书提供了许多经过验证的原理和观点，它们能帮助你表现得强势并且能够大胆提出请求。根据这 25 年来我所提出的关于高风险请求和帮助像你一样的人们的经验，我总结出了这些方法和手段，以及一些能帮助你理解某些人行为背后的原因的秘诀和见解。

每一章节都为你提供了吸引人的问题和可行的窍门，它们能帮助你提出请求。这本书里没有理论和哲学观点，只有操作性强的技巧和实用工具，你可以在高压环境下运用它们，让自己知道该怎么做。书中提供了一些清单来辅助你做准备工作，还有一些设定好的对话模式，帮助你以一种自信的、别人愿意倾听的方式提出请求。

情景：在接下来的内容里，你会发现很多请求反馈、客户故事和其他一些短小精悍的真实例子。它们来自于一些大胆提出请求的人，这些人获得了比自己应得的更多的回报。为了保护这些不知情或者提供资源的人的隐私，有些例子中，名字和细节略做改动，但事实和结果都是真实的，并且是可以模仿的。

“大胆提出请求”研究：书中贯穿了一个作为参考的研究，它展现了人们是如何提出请求的，以及是什么阻碍了他们做出索求。这个在网上进行了 4 个月的研究的设计初衷，是用来收集关于如何提出请求的相关信息。受访者可以选择匿名参加。他们的回答都很有洞察力并且能反映大部分人索求时遇到的困难。报告显示，请求在个人和工作上没有很大的区别。很多回复表现出对更大胆的请求、更非凡的结果的向往。

这1163位受访者来自于21个不同行业的不同领域和岗位（见表1）。最多的是销售、营销和公关，这些领域的参与者正是以请求为生。

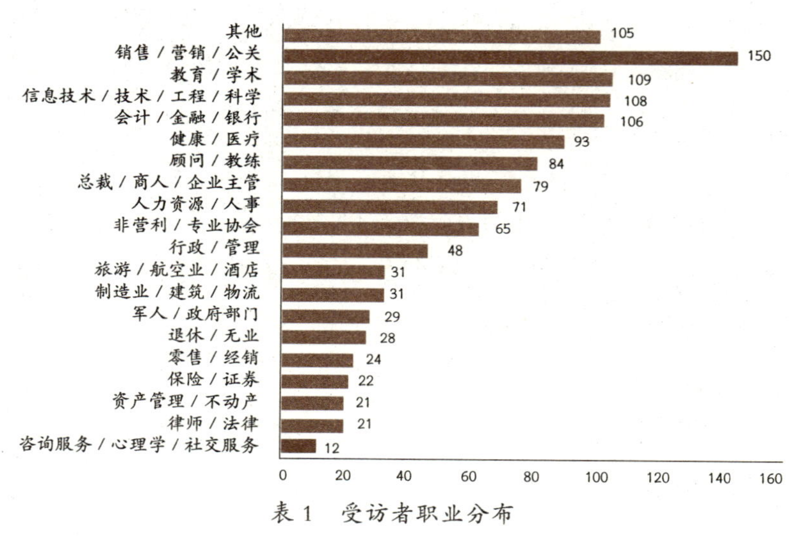

表1　受访者职业分布

这项调查以开放式问题和选择题（多选和单选）相结合的形式为主，受访者也可以在问题后写上建议和评价。研究结果在全书中以图表、回答引用、摘要、建议和由亲身经历改编的情景的形式，将与请求有关的信息展现给大家。除非额外标注，所有的研究、实验、发现和受访者都指的是“大胆提出请求”研究的受访者。完整的研究结果可以在 www.AskOutrageously.com 网站上找到。

除非额外标注，所有斜体字内容为“大胆提出请求”研究的受访者、讲座听众和客户的反馈。

本章回顾

每一章的最后，都有一个对本章重点的执行摘要。你可以看完全书再回看这些摘要，也可以现在就浏览这些回顾，然后找对自己有帮助的章节。

问一问自己

在章节末尾你会看见一些能帮助自己更自信、更无悔的索求问题。

索求能力大冲刺：这一部分提供了一些能促进你提出请求并改善结果的可行方法。所有的请求都是没有危险的。当你跨出自己的舒适带提出请求时，你向自己证明了你能通过大胆提出请求变得更成功。接受这些挑战你就能成为索求大师。

获得成功的秘密武器

另外，在 www.AskOutrageously.com 网站上有很多参考资料。合理运用这些秘诀、材料和工具能大大提高你提出请求的能力。

如果你没有索求障碍，是否还需要看这本书？你可能是那20%，觉得自己很擅长索求并且大部分情况下都能得到自己想要的。你也许会这样想：

我已经知道怎么索求了而且大多数情况下我都能成功。

真的吗？有人不会向别人索要东西？他们怎么了？

什么是底线？我还有很多事情要做呢，没有时间考虑底线不底线。

> 你知道如何分辨对方是否掌权，并且知道如何与他们打交道。当需要提出请求时，你无所畏惧。有时，你会挑战极限提出惊人的请求，甚至把请求当作挑战或游戏。你能得到很好的结果并且有优秀的工作业绩。如果你在索求上没有障碍，以下是你仍需阅读本书的原因：

你领导别人，但却不知道下属为什么不愿意请求别人下订单，不愿意请求别人完成一笔交易或者请求降价，不愿意主动解决一直出现的问题。

你在乎的人不知道如何化解冲突，不知道如何跟领导谈话并请求升职，不知道如何解决问题或者得到自己应得的。

你收到一些反馈称你与他人联系不够密切，人际关系有待改善或者别人不信任你。可能你听见别人说你对他人太苛刻，或者告诉你你需要提升自己的合作能力，需要发展你的下属或者构建更好的对内对外的人际关系。

你知道别人可以提供更多信息、更多创意或者更多帮助，但却感觉自己已经倾尽了全力，但别人没有全力配合你或者不像你一样上心。

索求指导指南

常见的“指导索求”的变体，这一部分教你如何指导你所领导、训练或辅导的人有效地提出请求。这些方法能帮助你训练其他人提出请求。它们适用于这个问题，“我非常擅长索求，那么我该如何辅导别人像我一样提出请求并且得到非凡的结果呢？”

完成测试

在继续阅读前，请先完成“你的索求能力如何？”测试。你也可以在 www.AskOutrageously.com 网站完成在线测试。网站版还会给你提供额外的测试工具。

如果你觉得自己已经做到大胆提出请求，那么评估结果可以再次验证你的假设或者让你对自己的看法产生质疑。准备好大胆地提出请求了吗？或者称为挑战。看看你是否像自己想的一样擅长索求。完成这个测试，结果可能会让你震惊。

运用经过验证的方法，你可以大幅度提升自己被倾听、被认真考虑的概率，并且能够变得有影响力。

准备好在大胆提出请求这条路上全速前进并获得非凡的结果了吗？赶快开始阅读吧！

你的索求能力如何？

阅读每一条陈述，圈出你觉得最符合你的分值。如果你的表现在家和工作中并不相同，以你觉得最需要改善的那个环境作为标准。然后将所有的分数相加。

一般当我提出请求时	经常		偶尔		从不
大胆地索求我想要的，毫不犹豫。没有什么能阻止我索求。	5	4	3	2	1
我为自己提出请求与替别人提出请求一样地热情和自信。	5	4	3	2	1
知道别人喜欢和尊重我。他们相信我的动机，知道我言出必行。在我不在时他们也会遵守承诺。	5	4	3	2	1
总能在正确的时间，向正确的人提请求。无论对方是谁我都能选择合适的方法。我不会被对方的头衔、职位或经历吓倒。	5	4	3	2	1
我知道自己的请求是合适的，即使它不常见，未经考验或者是一个新的概念。我确信我的请求对象有同意请求的能力。	5	4	3	2	1
无论对方的反应如何，是否有不愉快的表现或者拒绝我，我都能保持冷静并且控制自己。我完全能够应对任何诡计或不公平的手段。	5	4	3	2	1
我往往能得到超出自己想要的或者认为可能的东西。我对自己获得的结果非常满意，而且很自信自己已经将利益最大化了。	5	4	3	2	1

总得分：________

35= 你能得到你想要的和别人想要的。

28—34= 你通常能得到自己想要的。

21—27= 有时候你能得到自己想要的，有时候不行。

13—20= 你想要的东西比现在多得多。

7—13= 你很少得到自己想要的，并且不知道原因。

Part 1
为什么要大胆地提出请求？

你不说，别人不会主动给你你所想要的。大胆地提出请求可以帮助我们获得意想不到的结果。那些大胆地说出“我想要”的人，多半已经成功了。

01 不敢提要求，你就输了

提问是一件很神奇的事。有勇气战胜恐惧提出疑问和提出请求的人才能得到最好的结果。因为他们愿意挑战极限，所以能够得到的更多。他们知道要多问一点才能探索更多的可能性。他们愿意冒险甚至愿意被拒绝，并且在这一方面越来越得心应手。

从政客到摇滚明星，再到诺贝尔奖获得者，这些历史上的人们通过大胆地提出请求和疑问获得了极大的成功。有勇气提出疑问能得到意想不到的结果。一个简单的质疑能够挑战人权上的不公，能够促进医疗取得极大进步，能够开创新的商业模式，能够影响整个社会。让我们来看一些历史性的提问。

罗莎·帕克斯（Rosa Parks）问道："为什么我就应该坐在巴士的最后面？"她的疑问挑战了种族隔离，打破了种族界限，保护了所有公民的权益。

路易斯·巴斯德（Louis Pasteur）问道："究竟是什么让啤酒变酸的？"这一疑问让他发现了灭菌术，发明了保持食物新鲜的巴氏灭菌技术。

玛丽–艾丽斯·布朗姆（Mary–Ellis Bunim）和乔纳森·莫雷（Jonathan Murray）问全球音乐电视台（MTV）："我们可不可以做一档没有剧本的节目？记录一些相互不认识的人生活在同一房间里的故事。"这一请求让《真实世界》（*The Real World*）呈现在荧幕上，并且开创了真人秀节目的先河。（的确，有些结果比其他的更显著一些。）

意想不到的结果

当你打算大胆地提出请求时，会产生一种滚雪球效应。明明只是一个简单的请求，最终变成好几个请求。最后这个请求演变为超乎你想象的大风险谈判。

想知道提出高风险请求者的秘诀吗？其实，无论涉及金钱多或少，后果轻或重，提出请求时的感觉都是一样的。那种肾上腺素飙升的感觉，那种恐惧感、兴奋感，那种不断加速的心跳和不断变化的呼吸节奏，那些专心致志的样子，其实都是一样的。能够大胆提出请求的人，他们在生活的方方面面都能获得意想不到的结果。

最有意义的结果往往是私人的：

我们几年没有说过话了。那天我拿起电话，向儿子道歉。我问他我们可不可以重新开始。他第一次让我和孙子说话，而孙子已经4岁了。

我问男朋友我们什么时候结婚，过了没几天他就向我求婚了。其实 6 个月前他就买好了戒指，但误以为我没有准备好，所以一等再等。

我问父母能不能借钱给我付房子的首付。他们并没有借给我，而是送给了我。他们一直想要帮助我却不知该做些什么。如果不问，我现在还住在租来的公寓里。

有些请求得到的回馈是工作上的：

我问我的父母是否愿意在圣安东尼奥（San Antonio）或者奥斯汀（Austin）开分店。他们同意了并且在这两个城市都开了分店。

犹豫了 17 年，我决定去接触一些其他医学实践团队的内科医生。我问他们是否对我们的后勤部门和我们的收费方式感兴趣。这一请求帮助我拓展出了一个新商机，赚了几百万美金。

过去我与一位供应商有着大量合作，但后来我们发生了争吵。有一天，我跑到她的展销摊位上问她愿不愿意冰释前嫌，重新跟我合作。而后，我跟她签下了一笔有史以来最大的订单。

在一次谈判间隙，我走到大厅问他们是否能降低我们的医疗设备租金。现在，我们比之前少付了 30% 的租金并且在未来 3 年都会持续这个价格不变。做到这一点，仅仅是打了两个电话而已。

为什么提出疑问和请求让人觉得困难？

96% 接受调查的人表示，向别人索求多一点或者承担多一点的风险（见表 2）能改善事情的结果。至少 1/3 的人表示这么做能提高至少 50% 的成效。研究表明，让人们犹豫或者不愿意提出请求的原因主要是以下几点：

我会打扰到对方或者让他 / 她觉得不舒服。

我的措辞可能不恰当。

我会让自己难堪或者看起来很傻。

我会被拒绝。

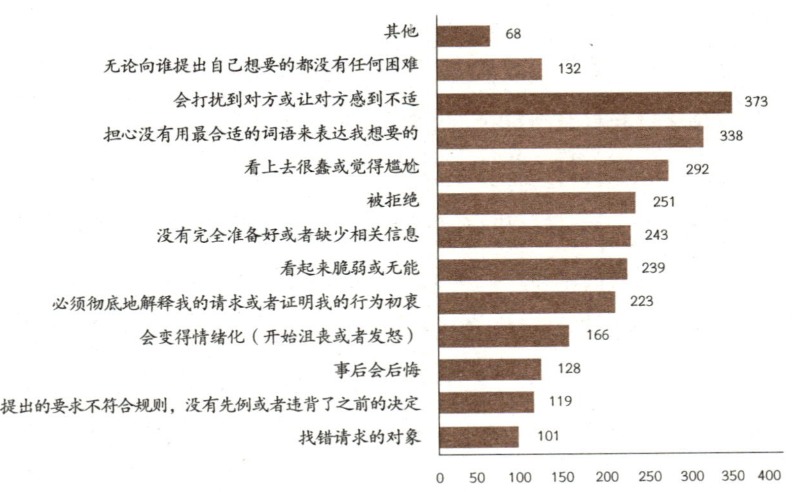

表 2 向别人索要我想要的东西让我觉得最困难的原因和担忧是

这种心理上的自我监督和对提出请求的不情愿阻碍了你能得到本能获得的结果。事实上，“打扰到对方或让对方不舒服”比“被拒绝”让人觉得更困难。是不是很奇怪？人们情愿被拒绝也不愿意因为自己想要得到某样东西而打扰别人。

“大胆地提出请求”研究表明，人们担心错误的事。比如，觉得自己的请求会被拒绝是因为：

缺少所需的信息。

时间不合适。

请求对象不愿意付这笔钱。

事实上，研究显示人们拒绝某人请求的最主要的两大原因是：

索要的东西不合适。

索要者是自己不喜欢、不尊重或不信任的人。

画重点：我们专注在错误的事情上。研究表明，人们拒绝别人的原因和人们认为自己被拒绝的原因大相径庭（见表 3、表 4）。很多人并不知道自己被拒绝的真正原因。

人们拒绝别人最主要的原因是对方提出的请求并不合适（36% 的人将它作为第一理由）。然而，当把这一原因放到认为别人拒绝自己的原因当中时，只有 4% 的人选择了它。

为了进一步解释两者的不一致性，请看“不喜欢、不尊重或不信任”这一条。有 31% 的人因为这个原因拒绝别人的请求，而只

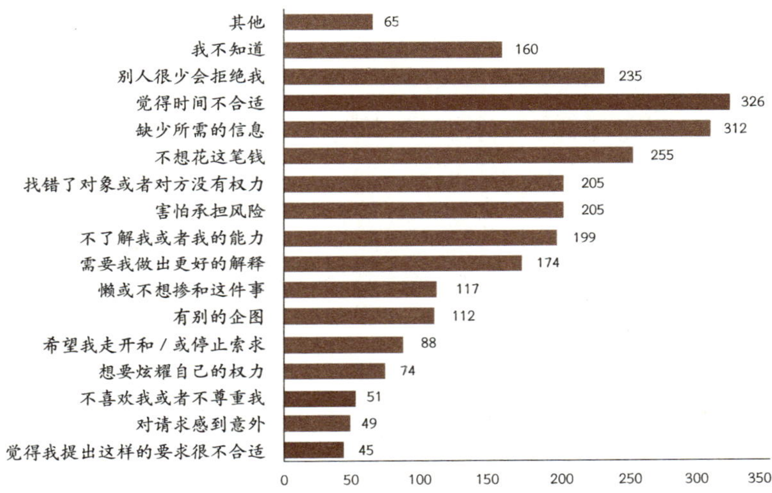

表 3 别人拒绝我的私人请求或者工作请求很可能是因为

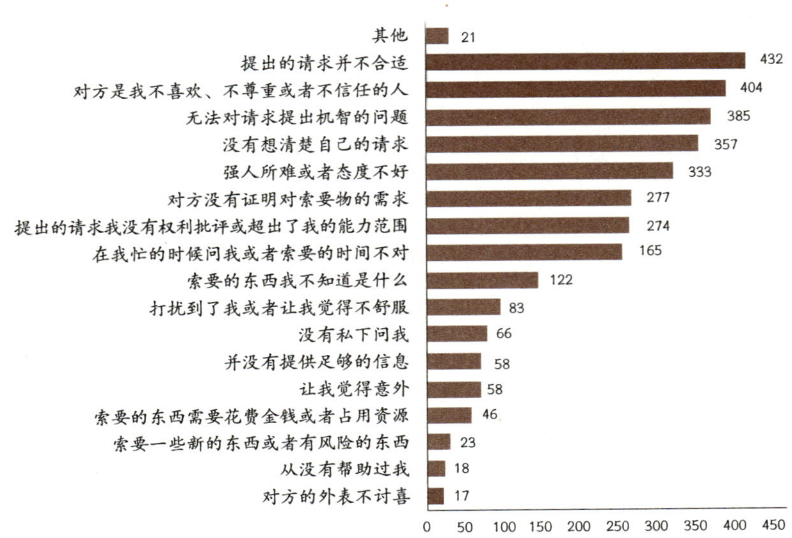

表 4 我拒绝别人请求的原因很可能是

有 5% 的人认为自己被拒绝是因为请求对象不喜欢或不尊重自己。

研究也表明，79% 的人表示如果自己掌握了所有所需信息，提出请求时会觉得更自信，更有准备。

现实和想法有多大的差距！当你觉得自己掌握了所有信息，万事俱备的时候却问了错误的人错误的事，又有什么值得高兴的呢？如果你的索求对象不喜欢你，不尊重你，不信任你，你所做的所有准备工作又有什么用呢？

不问会造成什么后果？

得不到自己想要的或者自己的命运掌握在别人手上是很让人烦心的。耐心地等着别人来发现你的才能或者等待别人给你机会，会让自己和身边的人抓狂。

因为不问你错过了太多，以下这些情况有没有觉得很熟悉？

升职机会或者你的理想职位拱手让给了一个资历没有你高或经验没有你丰富的人。

你的同事得到了你想要的出差机会或者参与了你日思夜想的项目。

你觉得对方太受欢迎或长得太出众，不会跟你约会。但最终这个人跟你的宅男 / 女朋友约会了。

你的朋友获得了更好的酒店房间或者升级了舱位，而你只是得到了分配给你的。

别人给你做了某个人生中非常重要的决定，却根本没有问过你的意见。

不愿提出请求也会在其他方面给你造成损失。当你反复考虑提出某个请求却最终选择放弃时，你正在向自己传达一个信息：我对现状很满意，我还没有准备好继续向前。这就好比精心地为某次旅行做准备却在即将到达目的地的时候放弃了一样。以下是一些受访者对自己不愿意提出请求的描述。

我也希望自己有那样的勇气，但是被拒绝真的会让我受伤。

10 次中有 9 次我会选择干脆不要了，而不是去跟别人提请求。

从小，大家就告诉我应该对自己的所得感到满意。

不坚持自己的渴求，你永远不知道什么是可能的。那个有权力决定同意或拒绝请求的人也永远不会知道你对所分配的东西不满或者渴望得到某样东西。如果不问，你同样也剥夺了对方考虑你的请求并给你答复的机会。

索求是一个勇敢的行为。

变得勇敢有什么好处?

大胆提出请求可能会受伤，也可能需要你放弃某些权利。有时候你的确会看起来很蠢或者被拒绝。最好的结果往往需要降低未知性，组织协调好你所能掌控的一切，然后勇敢地提出请求。

如果你正遭受着某一想提又不敢提的请求的折磨，受够了逆来顺受，如果你已经准备好了改变现状，请尝试着去索要那些你真正想得到的东西吧。

如果我够勇敢

乔纳·斯坦菲尔德(Jana Stanfield)和吉米·斯考特(Jimmy Srott)的《如果我够勇敢》(*If I Were Brave*)的歌词表达了走出自己的舒适带，大声说出心声的勇气：

如果我们都能表达出自己的心声会怎样?

如果你能获得一切，你会要什么?

……

如果我拒绝听恐惧的声音，勇气会在我耳边窃窃私语吗?

如果我够勇敢，我今天应该在做什么呢?

你可以在www.AskOutrageously.com网站上免费下载这首歌。(已经过乔纳·斯坦菲尔德和吉米·斯考特的同意。)

大胆提出请求的十大理由

获得意想不到的收获

一般来说，如果你提出的请求并不离谱，那么对方也就不会对你的请求感到吃惊。通常对方很乐意帮助你，甚至会想你为什么没有早一点提出这个请求。

证明自己的热情

当你明确地表现出自己的关注，这种状态也会感染到对方。他们会知道你是认真地想要得到更好的结果。通过索求，你表明了自己的立场，知道自己想要什么，准备好了接受改变并且渴望得到更多的利益。

表现自己的强势

大胆提出请求的人提高了自己被倾听的概率。无论主题是什么，通过提出强势的请求，你提高了自己的影响力并表现出自信心。

获得答案

只有通过询问，你才能得到回复，即使回复是“不”或者“暂时不”。根据回复内容，你能做出相应的调整，做出改善，然后继续前进。你可以节约时间，节约资源，避免过多的思考。最重要的是，你可以停止不停猜测如果自己有足够勇气提出请求会有什么后果。

建立信任

如果你预先提出自己的请求，对方就不必再继续探索你的动机。他们会想要帮助你，因为他们信任你。

创造公平的环境

相对于逆来顺受，给什么拿什么，提出请求能让对方知道你已经做了准备工作并且已经做好在需要时进行抗争的准备。

避免浪费时间

提问能让你避免浪费时间在错误的人身上。你可以迅速知道究竟谁可以并且愿意帮助你获得你想要的结果。

收获的比索要的更多

当你有勇气走出自己的舒适带，为自己争取更多的利益时，你会发现最大利益有时候远远超出了你的想象。索求能让你将利益最大化并且给你更多的选择。

有极好的事后体验

最让人流连忘返的是提出请求后的感受。虽然你感到害怕却依然提出了请求，你会觉得自信并且觉得更有价值。

获得尊重

人们喜欢那些鼓励自己敢想敢做的人。往往有潜力的人需要能够成功冒险，能对别人有影响力，做有效决策并且能超出预期。

让索求成为习惯

让跨出舒适带提出请求成为常态。先从比较安全的请求开始，从私人事情上开始索求，看看自己在需求上是否也取得了进步。同时，习惯被拒绝。事实上，如果你没有被拒绝，证明你索求的还不够多。试着不断地索求直到被拒绝。

当你认真地将索求作为习惯时，提出请求就变成了一种条件反射。如果你能在任何场合都很自然地提出请求，到了真正重要的时刻，你也会提出请求。在提出重大请求时，你获得的结果可能会超出别人的想象。准备好去迎接超出最大期望值的结果吧。

索求指导指南

让你的下属、训练或指导对象完成“你的索求能力如何”这个免费测试（第 022 页），或者在 www.AskOutrageously.com 网站上进行在线测试。对照大胆提出请求的十大理由（第 034 页），查看他们的测试结果，问问他们在哪一方面想要索求得更多，十大理由中哪一条跟他们产生了共鸣以及如果索求成为习惯，会有哪些可能的结果。

本章回顾

史上很多简单的疑问和请求造就了惊人的结果。

大多数人不愿意索求。他们希望自己有勇气索要更多但并没有说出口，或者仅仅是安于现状。他们徘徊了太久以至于看着别人得到了他们想要的。在需要发展和进步的时候他们却裹足不前。

人们觉得自己被拒绝的原因和真正被拒绝的原因相去甚远。请求能够成功不仅仅只是依靠收集更多的信息，花更多的时间和投入更多的资金。

措辞的精准度，怕打扰他人或者怕表现得愚蠢都不应该是你最大的阻碍。

集中注意力在那些真正的原因上：1. 请求并不合适。2. 请求对象不喜欢你、不尊重你或者不信任你。

你可以通过跨出舒适带，大胆地提出请求来提高自己的成功率，改善请求的结果。当索求变成习惯时，提出请求就会成为一种条件反射。

问一问自己

如果我够勇敢我会提出什么请求？

在工作和生活中，我对哪些方面不满意？

如果我做不到提出请求，我传达了怎样的信息？

我如何才能得到请求对象的信任和尊重？

索求能力大冲刺

如果你还没有做“你的索求能力如何”（第 022 页）这个测试，现在请花一点时间进行测试。看一看自己现在的能力等级。

回顾大胆提出请求的十大理由（第 034 页），找出最符合自己的两条。

获得成功的秘密武器

在 www.AskOutrageously.com 网站上下载乔纳·斯坦菲尔德和吉米·斯考特的《如果我够勇敢》这首歌。

Part 2
提请求前

在请求开始前，我们需要进行适当的准备。让自己变得自信、勇敢和强势，找准对方的关注点，取得对方的信任和尊重后，大胆地开始索求。

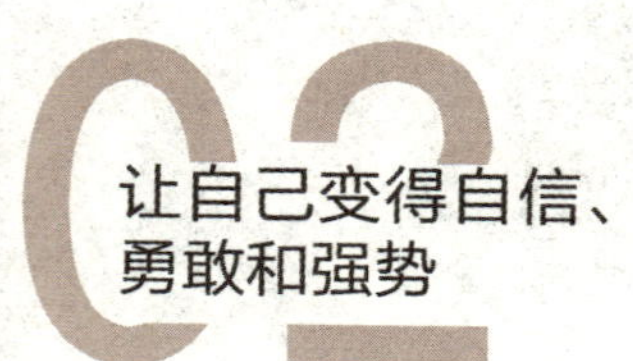

02 让自己变得自信、勇敢和强势

当要提出一些强势的请求时，知道自己在别人眼中的形象很重要。家人和朋友可能了解那个“真实”的你，但对别人，尤其是那些第一次见面的人，你的形象至关重要。

就是有那么一些勇士可以自信地提出请求，并且不在意被拒绝，也不在意别人对自己的看法。在我们的研究中，每 5 个研究对象中就有 1 个表示向别人提出自己的需求时毫无压力。对于勇敢地、无所顾忌地提出要求，他们是这样认为的：

在商业场合，我向来都是直截了当地告诉对方我想要什么，即使有些请求与主题并不相关。大多数人都会回应我的请求。

最糟糕的结果不过是被拒绝罢了，那么为什么不提呢？

在我还不知道应该提什么请求时，我就已

经开始提请求了。在这个过程中，常常会有意外收获而且能发现那些我自己没有意识到的请求。

索求大师

你身边可能就有这样的勇士，常常是家庭成员，甚至是那些小辈，他们既有说服力又执着。打个比方，想一想那些非常想要某个玩具或想要得到某种待遇的孩子。想想他们的沟通技巧，他们的坚持不懈。对他们来说，索取是一件愉快的事。“不”这个字完全威胁不到他们。他们专注于自己想要的并且坚持到底。索求大师知道索求是依情形而定的，并与涉及的人和事密不可分。他们会根据不同的人来选择不同的方法，并按需改变策略。他们在无止境的索求上很有一套，并且总能成功。

他们索要更好的条件，更好的结果。他们总是能毫无保留地索取多一点，再多一点。仔细观察，当索求大师在索取信息、帮助或特殊待遇时，并没有人威胁他们。每一个请求都恰如其分，不会太小也不会太大。他们知道要的越多，得到或学习的也就越多。当别人还在收集无关紧要的数据或等待最佳时机时，索求大师已经提出了第一个请求并正在着手下一个。

工作上的成功与他们愿意提出别人不敢提出的请求是密不可分的。他们是受尊重的，人们愿意回应他们的请求并付出更多努力来帮助他们。去观察那些勇敢提出请求的人，研究他们的策略并且向他们学习吧。

如何展现自己

陌生人对你的第一印象是什么？第一印象比穿着打扮，发型好坏重要得多。你有没有给人一种自信、可靠、可亲近的感觉呢？

你是顾虑大王还是索求大师？

回顾近期有机会提请求的场景。判断自己是提出了请求还是被无用的顾虑绊了脚。以下几条是顾虑的信号：

研究无关紧要及不相干的事件。

等待永远不会到来的最佳时机。

过度准备，无止境的分析判断。

对他人对你的看法产生不现实的担忧。

幻想一些不太可能发生的场景、反对场面及对待方式。

用一些不成立的理由来武装自己。

索求大师清楚地知道该如何在第一次见面中展示自己。经过时间的历练，他们听取了许多反馈并找到了可行的方法。这些大师知道什么时候该表现得强硬，什么时候采取行动最合适。如果他们看上去年轻或经验不足，他们自己能深知这一点，并选择改变或运用这一表象。他们有意表现得平易近人，让对方觉得舒适。

索求大师的特点

平易近人并且考虑周到。

洞察力强并且有分寸。

乐观并真心关心他人。

受尊重并尊重他人。

对别人的努力心存感激。

灵活并且适应力强。

亲和力

亲和力比职业装和精致的妆容更重要。一个有亲和力的人是这样的：

面带微笑并且有眼神交流。

握手有力并且礼貌待人。

让别人觉得舒适，觉得被倾听。

有着吸引人的陈述风格。

有意识地运用积极的身体语言。

运用正确的语法、拼写及语言。

及时回复邮件、电话及其他社交工具上的信息。

第一印象往往是在见面后的前30秒甚至更短的时间内形成的。用更多的时间去准备和练习这30秒吧。

诺娜的法律助理为她安排了与新客户的洽谈。当企业主史密斯·鲍勃到公司时，诺娜热情地跟他打招呼："嗨，史密斯先生，我是诺娜，欢迎欢迎。我们去会议室吧。"鲍勃一脸疑惑地看着诺娜问道："你是要带我去见专业律师吗？"诺娜笑着回答："专业律师就在您面前呢。"鲍勃一脸严肃，粗暴地说："小姑娘，我是来这里谈重要事情的，我要见的是更有经验的律师。"

诺娜可能遇到了文化偏见。她从事的是大众认为的男性职业，并且她看起来非常年轻。她简短随意的自我介绍并没有为她的可信度加分。她仅用名字而不加姓氏的自我介绍让鲍勃觉得她并不强势，而且容易屈服。因此，鲍勃开始怀疑她是否具备处理自己案子的能力和经验。

为了拯救这次会面，诺娜并没有表现得不礼貌，相反，她极其坚定和自信，她说道："鲍勃，我在法律行业干了6年了，我是一个理想的合作伙伴。在我们公司，没有人比我在劳动雇佣案子上更有经验了。不过，我们也确实有一些年长的律师，如果你需要，办公室里就有比我年长20岁的律师。但他并没有劳动雇佣法方面的相关背景，不过几个月前他刚刚通过律师资格考试。那么，今天你希望和谁洽谈呢？"鲍勃明智地选择了诺娜，同时诺娜也因此明白了第一印象的重要性。

当知道自己看上去的样子并非真实的自己时，要学会运用策略，清楚自己的定位。

乔在将潜在客户发展为直接客户方面很在行。他表示：“第一印象很重要。我会向客户展示我们公司 20 多年的发展史，让他们明白我们有经验并且具备帮助他们管理好资产的专业素养。”作为一个老道的发言人，乔能够用简单易懂的语言向非工科的主管们解释复杂的情况；用幽默来打破僵局；用图像直观地展示出公司针对高挑战、结构复杂的问题的创新对策。

同时，作为一名健美运动员和音乐家 / 歌手，乔意识到自己的外表会让一些保守派人士产生担忧。“我知道自己的长发看上去并不像商业咨询公司的老板。但这是我的选择，首先我要做我自己，才能以最好的状态为客户服务。”他表示：“在首次会面时表现得最为苛刻及最具挑战性的客户往往会成为长期客户。”

辨别自己的优势

辨别自己的优势是在索求时增强气势的第一步。人们往往会低估自己的能力和天赋。如果你是平易近人的人，是与生俱来就平和友善的人，你便不会把这些特征当作自己的天赋或长处；如果你的天赋是理解复杂的事物，擅长处理数字，那么你可能会想要更好的表达能力。想要变得什么都擅长有时候是对自己过分的高估。成为自己擅长领域的专家才是获得最大报酬的方法。请专注于自己的长处并且进一步发展它们吧。

掌握自己的优势

选择自己的两项优势并且在与他人对话中至少使用它们三次。以下的填空能够帮助你掌握自己的优势。

例子：我的工作是有逻辑地思考和检查我们的产品质量。

我的工作是________和________。

我非常喜欢________和________。

别人在________和________方面比较依赖我。

接受优势

回想一下，有没有人说过你有某些自己完全没有刻意培养的天赋？比如，有没有人说过你很自信或者很擅长整理东西？你是怎么回应这样的赞誉的？你是感谢了对方还是自己暗暗质疑了这一评论？或许你认为别人甚至是亲戚，都比你在这项技能上表现得出色。对方并不知道你哥哥才是家里真正自信的人，或者你爸爸有洁癖。别人对你的反馈往往基于他们对人类这个群体或整个社会的认知。

辨别优势与天赋

浏览以下的特征和品质列表。这里只列举了一小部分可能属于你的优势和天赋。看一看哪些适合你。

适应变化

分析

训练

交流

与他人联系

团队合作

创造

解说

促进讨论

提议

影响他人

创新

领导

倾听

做决策

管理项目

风险管理

谈判

演讲

化解冲突

制订目标和策略

解决问题

维护体制

故障检测

长科技

其他：______________________________

那些赞誉你的人只是了解你罢了。

如果有人发现了你的某项优势，同时你也觉得这一优势对你有帮助，那么就接受它。观察有这样天赋的人并向他们学习，用他们的语言和口吻来提出或回应请求。观察他们感到诧异时如何处理紧张情绪并做出反应。问自己：“如果他们处在这种情况下会请求什么？”然后提出他们会提出的请求。

如果有人发现了你的某一天赋和特征，并且有很大的可能性你能够拥有它。那么，请努力地强化和发展这些天赋。

改良特质

有没有哪些描述让你觉得难堪？在你试图去除或者改变这些行为前，先等一等。优势常常是那些年幼时未发育完全但长大后变得有价值的行为。专横跋扈的孩子可以变为一个能做有影响力决策的领导；班里最爱耍宝的人能成为一个讲故事大师或者营销专家；那个爱哭鼻子的小孩能成长为一个富有同情心的大人，他们对生气的顾客有敏锐的洞察力并且能很好地照顾灾难中的幸存者；那个什么都想参与的年龄最小的孩子可以成为一个工程师或者商业战略家。

在摒弃某一特点前，先思考这个特征是否能够升级或改良成为你所用的特质。什么情况下这种特质是正面的？观察那些有相似特征或能力的强者是如何积极地运用这些特征的。运用这一特征的积极面来帮助自己，控制不一定需要的那部分并提升有益部分。当你提出请求时请牢记这些积极面。

在支配和优化个人优势时你能获得更多的自信。

强化你给别人的第一印象

有哪些别人对你的评价是你认为对自己没有帮助或者非正面的？将它们改良或优化成更有利的形式。以下是一些例子。

原始的 / 未经训练的行为	更强大的 / 优化后的优势
温柔	善良、善解人意
话多	善于交流
害羞	标准的聆听者、洞察力强
争强好斗的	自信、勇敢
蛮横的	果断的领导人
注重鸡毛蒜皮的小事	分析能力强、注重细节
过度敏感	照顾周到的、敏锐的

丽泽尔察觉到公司的同事们比她更注重细节。她更擅长建立关系和交流，但她自己并没有发现这一优势。在一次发展客户关系的群组讨论中她找到了自我。丽泽尔很快察觉到团队的提案不会成功。“大多数人会将资讯邮件视为垃圾邮件，我们是否能尝试一些将我们与潜在客户联系在一起的方法？”她问道，随后她提出了5个有效交流和建立关系的想法。几周后，丽泽尔无意中听到一些公司领导的对话：“你知道，这是丽泽尔的强项，她在建立关系和交流方面很在行。我们去问问她的意见吧。”

你拥有自己能轻松驾驭，但却让别人叹为观止并且也希望能够掌握的天赋和能力。承认这些天赋并好好地培养它们。无论你在哪里，提出何种请求，它们都能让你表现得强大并为你提供看不见的自信。

显得自信的技巧

你一定见过一进门就自信满满的人。这种气场强大并且能吸引目光的能力需要靠时间来磨炼。以下有一些技巧供你参考与练习。

在下一次聚会或款待中，假装自己是主人，而不是客人。想一想主人为了让客人感觉受到欢迎会做的事。比如，主人会问客人的工作及兴趣爱好，并通过相互介绍及与对方分享有相同的经历或爱好作为维系关系的方法。

决定好自己应该表现得正式还是亲近。在某些宗教群体和国家里，用正式的头衔很重要。如果你不确定当地的习俗，可以用这把万能钥匙：既用名，也用姓。比如，用“吉姆·索思，我是凯莉·瓦斯凯”来代替“索思先生，我是凯莉”。如果你第一次介绍他人，试着用：“吉姆·索思，我是贝·帕克，这位是罗伯托·弗洛雷斯。”如果你不知道怎么称呼某人，可以直接问他们。

做演讲时，提醒自己你所演说的内容极其重要，确保听众明白最重要的部分。你是去做演讲的，别再担心是不是有走秀模特般的仪态或者声乐家似的声音。最该关心的是听众是否完全掌握了他们所需的信息。所有的材料——照片、故事、幻灯片及其他辅助材料仅仅是为了辅佐那个信息。

在会议中没有人倾听你的观点或者不认可你的观点，请站起来。站立能让你的声音变得更响亮，精力更充沛。而且，当所有人都坐着时，很难做到无视那个唯一站着的人。如果可以，走到白板或者挂纸板旁，用图像来解释你的观点，通过视觉冲击表达强调，同时这也为你的站立提供了理由（这样能减少人们认为你有侵略性的可能）。

丽娜一直很抗拒每月的例会。会上并没有什么真正的议题，其实就是一场声音的较量。同时，每个与会人都是如此地泰然自若，聪慧过人。她常常觉得在会上不受重视，自己的聪明才智远不及这些才华横溢的人。某天，丽娜需要大家听一个重要的倡议。等到会话的间隙，她突然站起来问大家：“请问有没有人听说过关于在我们劳动力中增加更多老兵的提案？这一举措对我们的政府合同、招聘方向及绩效目标都有影响。”当成功吸引了众人的注意后，丽娜向大家展示了许多辅助文件，开始了自己的演讲。

模仿你所知最强势的人的肢体语言。他们常常站得笔直，与谈话对象有适当的眼神交流，用手势来辅佐观点的表达。看看他们的脚，通常，他们保持与肩齐宽的开放式站姿。他们会用点头和微笑表示赞同。

多问问题。顶级决策者会通过问一系列问题来了解情况并决定下一步该怎么做。没有人会觉得他们孤陋寡闻或者浪费了自己的时间。事实上，如果不问才会。你也应该学会多问问题。

大胆提出请求是很有勇气的。

鼓足勇气

大胆请求是建立自信的最佳方式。当你不知道怎么提出请求时，不妨试一试以下的方法。

听一听小孩的建议。当你对如何提出请求毫无头绪的时候，问一问小孩或青少年。一般情况下，你会对他们所提出的请求感到惊讶，并且觉得他们的建议非常中肯。另外，在交涉你的请求时，将请求简化到最基本的要素会很有帮助。

在脑海里设想出一群导师。在脑海里召集所有专家，就是那些能够完美地提出类似请求的大师们。比如，你想要在员工管理方面的索求上获得帮助，那么就想一想那些最了不起的老板或者领导在你的处境下会怎么做。又或者你有一个关于商务金融方面的请求想要提出，就想一想那些最聪明的金融界人士会怎么提出这个请求。在精神上让这些专家们为你服务，按照他们的例子去提出请求。

成为意见提供者。当你提出请求或疑问时，假装自己是一个解决问题的顾问或者咨询者。请求不再是关于你，你提出的所有请求、做的所有准备工作都是以解决这个问题为中心的。

假装自己已经提出了请求。留意自己的想法、身体感受和反应。如果你对获得的反馈感到担心或后悔，那么你可能并没有准备好提出请求。觉得如释重负或者放松才是好的征兆。

如果你觉得某一请求不能失败，那么就好好地下定决心。找到可能会阻碍你成功的地方，问自己："我该怎么克服它们呢？它们又会在何种情况下出现呢？"

只要有足够的洞察力，有一些耐心并且专心致志，无论提出什么请求你都能表现得自信。包括私人请求。你可以提升自己被倾听、被尊重的概率。为了能让利益最大化，得到更多自己真正想要的，现在就开始检测自己给别人的第一印象并且将自己与索求大师们做个比较吧。

索求指导指南

让你的下属训练或指导对象从第 049 页的优势和天赋中选出 5 个最符合自己的。比较他们自己的选择和你给他们的选择。与他们讨论你的选择原因和历来的观察情况。问他们以下问题：

你该如何发展这些优势?

你可以将这些天赋运用在工作的哪些方面?

你有什么需要我帮助的地方吗?

你该如何利用这些优势来提出更有效的请求?

本章回顾

大胆提出请求的第一步是表现得强势。

观察别人并记录你对他们的第一印象。

留意别人对你的认知。

刻意地变得平易近人。

建立自信，知道自己的优势和天赋。注意是真正的天赋而不是自吹自擂。提出的请求也是一样，知道贪婪和合理的请求的区别。

大胆是需要勇气的，索求是勇敢的举动。要克服因为过去的错误产生的畏惧或者对未知的恐惧。

问一问自己

我擅长做什么?

从那些给人良好第一印象的人身上我能学到什么?

我该如何变得更平易近人?

有哪些别人对我的描述是我可以接受或优化的?

索求能力大冲刺

让别人来帮助你了解自己的优势和天赋。找3个人，让他们从这一章的优势和天赋列表中选出5个属于你的优势和天赋。

练习获得自信的方法和提高勇气的方法。

获得成功的秘密武器

如果你希望有工具能帮助你确定自己的优势和技巧，可以在www.AskOutrageously.com网站上下载辨别优势和天赋的列表。

03 找准对方的关注点，直击要害

你需要明确地阐述自己的请求，这样才能表现得强势和大胆。大家都很忙，别人也在关注自己的需求，不能指望别人发现你的努力。你要成为自己的支持者，清楚明确地表达出自己想要的，而不是靠暗示。你不能期望别人从你的表述中找到重点或者破译你的密码。

将重点放在与他人交流和联系上，观察自己在索求能力上的进步和索求结果的改善。建议你主要关注以下两点：

1. 索求自己真正想要的东西。
2. 找准真正能够帮助你获得需求的人。

专注于自己真正想要的

你有很多事要做，你的时间非常宝贵。为什么要浪费自己的努力呢？事先想清楚自己要什么，为什么想要它。目标明确能帮助你更清晰有力地表达自己的意图并取得成功。无论请求的风险如何，在提出请求之前，先问问自己：

我想要什么？

我为什么想要它，有什么好的理由？

我选择的目标对象是否正确？值不值得？

我想要的结果合理吗？现实吗？

你真正想要的是什么？

要十分清楚自己真正想要的结果。知道怎样是成功了，怎样是达到目的了。也要知道需要妥协时，何种结果是可以接受的。只有明确自己的目标，才能知道离成功有多远。目标不明，只会让你一直折腾徘徊，不知道自己该停止还是继续。

因为不知道适可而止，人们失去了很多机会。当得到的超过索求时，就不要再继续索取了。

因为觉得自己的请求太大或者太过分，人们才会不断地斟酌自己的请求。有些人不愿意索求是因为不想受到伤害或者惧怕未知的结果。当碰到比自己想象的还要好的机会时，他们便会束缚自己，或者选择放弃。不要让自己陷入“这个人肯定不会这样做的”或者“我自己就不会答应这样的请求”之类的想法中。这种自我监控会阻碍你获得本可以得到的机会。

别太自以为是

还记得十几岁的时候爸爸妈妈是怎么说的吗？他们告诉你：“地球并不是围着你转的，不是所有事情都是以你为中心的。”事实证明，他们是对的。专业训导大师苏珊·利文斯顿（Suzanne Livingston）指出，在潜意识里，人们常常会抑制想要提出请求的念头。“印象管理[①]”（Impression management）是阻碍人们提出请求的潜在原因。她表示：“我们从小就被训练成为符合监护人、位高权重者和社会大众心意的人，成为他们眼中的‘好人’。满足他们的心意比满足自己的更重要。对成年人来说，印象管理存在于潜意识里，很多时候我们无法察觉。”

无意义的忧虑会让你什么也得不到

过于关注自己，只会让非凡的结果逐渐消失。别再把时间浪费在那些根本不重要的忧虑上了。不要再问自己这些问题：

我该索求这么多吗？

如果我做错了或者情况变糟糕了，该怎么办？

我是不是应该一直等待？

如果我看起来很蠢怎么办？

如果他们不同意，会不会影响我的声誉？

---

① 人们试图管理和控制他人对自己所形成的印象的过程。

让别人去提这个请求会不会更好？

别人（我的父母、兄弟姐妹、子女、配偶、邻居、老板、朋友、同事、员工甚至去世了的叔叔）会怎样评价我的所作所为？

别再问自己这一类问题了。它们会让你徒增烦恼，阻碍你提高请求的成功率。

研究表明，无论投入多少时间、金钱或精力来提高自己，你的投入永远都是不够的。你可以投入大量心血让自己看上去或者听起来很了不起。你可以不断提升自己的专业技能和经验，也可以为回应拒绝、否定和异议做大量准备。你总是有做不完的事。

追求完美对得到理想结果毫无帮助。

你是否在担心提出请求后对方会如何看待你？我们没有那么多时间可以浪费在追求完美和处理忧虑上，这些都是徒劳无功的。相反，应该花更多的时间来琢磨如何让请求产生影响。

为勇敢地提出请求做准备

专注于你真正想得到的东西，停止猜疑，停止过度关注自己的表现。如何判断自己的索求是否足够呢？

回想一下过去可行的方法，思考这些方法是否适用于这个请求。

问问你的同伴、老板、朋友和家人，如果他们处在相似的情况下，他们会希望索求什么。

思考你能为别人提供些什么，尽量选择一些容易又不昂贵的，同时又能让对方满意的东西。

想一想自己能提出哪些请求，让对方提供起来既容易又不必花费太多。

给你的请求取个名字

名字有什么用？给请求取名字能在思想上将请求与自己分开，帮助你更客观地思考。比如，你可以称呼自己的请求为“工作需要一段休息时间”或者“请求加入加利福尼亚培训计划”。如果你的请求被否定了，你要知道这并不是对你个人的拒绝，而是这个请求，这些内容，在这个时间点被拒绝了。

专注于你的请求

你可以通过写下或者说出你想要的结果来提高自己的专注度。一旦达到目标，你就会心甘情愿地停止过度索求，并对现有的结果感到满足。请填写以下空格：

我的请求是______________________________________

____

例子：请求与我的付出相匹配的职位。

请某个员工按时上班并做好他的工作。

让我的小孩遵守宵禁时间。

我想得到它的合理理由是 ____________________________

____________________________。

让人满意的结果是当 ________________________________

______________ 时，我知道我的请求已经成功了。

合理的理由

为你的请求准备合理的理由。很多时候，仅仅是提出请求就够了。但想听完原因再帮助你的人，比你想象的要多得多。

根据“大胆提出请求”研究表明，人们不愿意给别人造成不便。想知道大家最不会提出的请求是什么吗？所有人的回答惊人地一致：他们不会要求插队。

研究表明，52% 的人永远不会要求插队。人们表示他们宁愿找别人借钱也不愿意提出插队的请求。

请求插队究竟为什么让人感到害怕呢？如果你有一个装满物品的大箱子，而对方却有两个的时候，你会让对方先办手续。事实上，其他一些研究表明，人们非常乐意让他人插队，尤其是当他人在提出这个请求的同时附上原因。

一个“因为”可以大大提高成功率

从小你就知道“请”和“谢谢”这两个词很管用。在索求法则中，还有一个词跟它们并驾齐驱，那就是“因为”。有研究表明，在提出请求后附上“因为”能提高成功率：一个人请求插队复印文件，只有 60% 的人愿意让他插队。然而，如果这个人说：“我可以插队吗？因为……”这时就有 94% 的人同意他这么做。“因为”后面的内容并不重要，不管是“因为我赶时间”，还是非常荒谬的“因为我要复印”，这两种表述都能增加请求成功的概率。

这一因“因为”改变决定的研究是 20 世纪 70 年代心理学家艾伦·兰格（Ellen Langer）设计的。2009 年斯科特·基（Scott Key）和北伊利诺伊大学（Northern Illinois University）以及联合学院（Union College）的学生们重新验证了这次实验。

请求是否值得？

让索求成为习惯是大胆提出请求的关键。然而，不是所有能提出的请求都应该被提出。你的时间和精力有限，选择那些容易的或者能产生较大影响的请求。如果某一请求被拒绝了很多次，那么就不要再继续浪费时间了。如果你意识到请求成功的胜算不大或者并不值得，请选择其他更合适、更可行的请求。

索求指导指南

让你的下属、训练或指导对象完成“专注于你的请求”表格（第 062 页）。浏览他们的请求并与他们练习角色扮演。让他们扮演自己的请求对象，而你扮演他们。（角色转化能让他们观察你是如何提出请求的，如何回应意料之中或意料之外的回答的。）

本章回顾

你必须成为自己的支持者并且明确地知道自己想要什么。你无法暗示或者期望对方发现你的努力。

印象管理和“他们会怎样评价我”这样的想法是你的潜在障碍。记住，这种不安感在孩童时能帮助你，但成年后，你的生活不应该由它们主宰。大胆是很安全的，安心地提出请求吧。

你必须十分清楚自己希望得到的结果，知道什么时候该适可而止。

成功和完美是有区别的。索求时，你的目标是成功（请求被同意）而不是完美。不要纠结于让请求变得完美。

让你的请求对象来决定如何答复你。不要用自己的猜测吓唬自己。

避免“万一”思维。它会让你质疑自己的初衷。

问一问自己

这个请求对我来说真的有价值吗？

我真正想要的是什么？

我有什么合理的理由？

我想得到的东西合适吗？实际吗？

如果在我提出请求后，最糟糕的情况发生了，我该怎么做？

索求能力大冲刺

如果你推着满载商品的购物车，问一问自己是否敢用“因为”加上原因要求插队。

完成“专注于你的请求”表格（第062页），将它作为你下周的请求。

获得成功的秘密武器

如果你希望有工具能帮助你完成上面的挑战，可以在www.AskOutrageously.com网站上下载“专注于你的请求”表格。

01 想要什么之前，先考虑自己能给什么

完善自己的请求很容易，但考虑对方的利益却很难。忽视对方的利益往往会给你带来不必要的麻烦。很可能你在提出请求，在为自己的处境抗争时，因为没有为对方考虑，因此付出的时间和精力都付诸东流了。人们不愿意花太多时间在那些不会考虑他们的需求或不能体谅他们难处的人身上。

牢记，每个人都关心自己的利益。每！个！人！你有没有听过“将心比心”这个成语？（WII-FM，What’s in it for me?）学会根据对方的需求调适自己的请求，而不是只专注在自己的需求上。问一问自己这个请求对对方有什么好处，站在对方的角度上，思考他们会遇到什么困难。无论你的请求多么有说服力，或者你们的关系有多亲密，没有人愿意为了满足你的请求而拿自己的工作冒险，或者让自己难堪。

“大胆提出请求”研究显示，大部分人在毫无用处和无关紧要的事情上投入了太多精力（见表5）。人们觉得在提请求时，最能让他们感到自信的是：掌握了细节问题并且做了全面的调查和研究。没错，这些无关紧要的方面就是细节和研究。请把注意力放在对方的目的和原因上吧。

关注对方的利益

如果你希望自己的请求被同意，那么请不要只关注自己。以下问题能帮助你思考别人的利益：

这个请求会让他们处于更好的处境吗？

同意我的请求对他们有什么好处？

我怎样才能让他们觉得自己的需求也被考虑到了？

我怎样才能表现出我尊重他们的选择？

我怎样才能让他们坚信我在追求自身利益的同时也在为他们谋取福利？

我该如何表现出我的请求是可以商榷的？

对他们来说值得吗？

回答“专注于自己真正想要的”（见第058页）小节中的问题，能帮助你知道在什么事上不能妥协。现在，我们来看看对方是如何看待你的请求的。站在对方的角度回答相同的问题，这样能帮助你让请求变得对他们也有价值。想一想所有能涉及的利益相关人，然后提问：

他们想要什么？

他们有什么合理的理由？

花费时间和精力来满足我的请求对他们来说值得吗？

他们的需求是否合理？是否现实？

试着回答这些问题，它们能帮你拓宽思路，理解对方想帮助你的原因。同时，你也能知道对方同意你的请求后愿意付出多少努力。如果你无法确定请求给对方带来的好处，那么就直接询问对方该如何让这个请求对他们有价值。

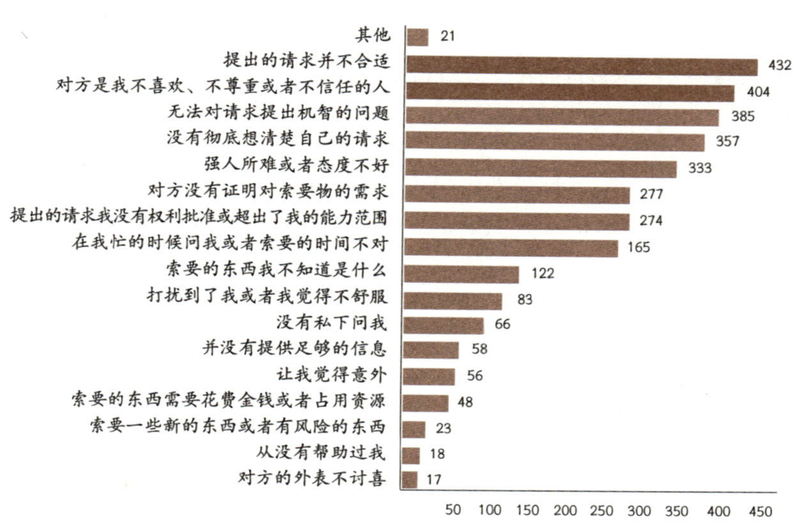

表 5　当我向别人提出请求时，______________让我觉得更自信。

有很多人，只要你提出请求他们就会同意。这些人愿意帮助你是因为他们有自己的理由。也许是因为同意你的请求并不需要耗费太多精力或者他们经常做这样的事；也许他们享受帮助别人的感觉；也许他们欣赏你的工作或者想要得到你这个客户；也许你让他们想起了某个他们喜欢的人，或者是想到了他们自己。

电影制作人索契亚塔·波芙（Socheata Poeuv）在美国长大，她并不知道自己的家人是红色高棉大屠杀[①]（Khmer Rouge genocide）的幸存者。她和丈夫在制作他们的第一部独立电影《新年宝贝》（*New Year Baby*）时，需要一位动画师制作一段关于柬埔寨人历史的短片。这需要花费几十万美金，对于刚从电影学院毕业的他们来说是一笔巨款。当他们请求一位动画师帮助他们制作短片时，他非常赞同他们的理念并很快同意了他们的请求，而且只收取了很少的酬金。然而，索契亚塔和丈夫不知道的是，这位动画师也是红色高棉大屠杀的难民。

你无法了解所有对你有益的信息。你不知道某个人究竟为什么要这么做或者他真正想要的是什么。你对别人的想法、感受、说辞或行为的认知是不完整的。你毕竟不会读心术。

他们的原因是他们的。

① 1975—1979 年发生在柬埔寨，因红色高棉管制不当导致的人口大量死亡事件。死亡人口占柬埔寨总人口的四分之一。

问对方想要什么

虽然知道对方的原因很有帮助，但不知道也不会全盘皆输。你可能永远也不明白别人为什么拒绝或接受你。不要浪费时间去纠结别人为什么帮助你。如果你得到了自己想要的结果，停手，感谢他们然后继续前进。不要给已经答应了你的请求的人反悔的机会。

对你重要的事不一定对别人也重要。他们渴望得到的和需要的可能跟你的大不相同，你也可以从你们的私交中明白这个道理。不管是否符合逻辑，也不管你是否能理解，他们总是有自己的解释和理由的。

人们重视什么

思考别人想要什么。满足对方的需求并提高请求的成功率比你想象的要容易得多。人们常常低估了自己能提供的物品或服务的价值。某件事或某种服务，对你来说执行起来不费吹灰之力，但却能帮别人一个大忙。比如，在别人用某个产品时你提供了帮助，提供了非常有价值的信息给别人，或者只是帮了别人很小的一个忙，比如在别人搬家时，你允许他们将家具暂存在你的仓库里。你可能有他们想要而你也乐意给予的东西。去问问他们吧。

凯瑞是职业发展部的总经理。一次她问公司副主席能否为她部门的员工提供资金，让专业指导师上门培训。副主席同意并支付了大部分的开销。现在，凯瑞的两个员工能在办公室里阅读相关材料并且在网上进行练习。凯瑞对这次培训很满意，既没有阻碍也不用为资金发愁，她说："这个请求提得非常值得，既为我们节省了差旅费，也节省了外出的时间。"

容易的请求

人们也许愿意免费为你提供你想要的东西、服务或信息，或者给你一个折扣价。直接问他们吧。那些对他们来说花费较低的请求更能提高你的成功率。试着向他们索要或者建议他们提供这些资源吧。

我邻居说他赢得了一个新的 iPod，所以基本上不太用之前那个旧的了。我问他要了那个旧的，现在我有了自己的 iPod，不用跟我丈夫共用一个。这就是一个容易的请求。

让你的请求实现起来更容易。

管理合伙人、人身伤害和民事审判专业认证律师文德尔，在处理事务时有自己独特的方法：他帮助对方完成工作。文德尔定期向保险公司和对方律师更新自己顾客的信息，他甚至无偿地将客户的医疗记录、警方报告及其他文件交给对方。获得这些信息本需花费对方一定的时间和金钱，并且容易遇到阻碍。文德尔表示："为什么不把事情变得简单点、迅速点呢？让对方预先知道你的情况不是更好吗？这样一来，当我打电话给他们，提出一同解决问题时，他们已经了解了情况并且知道该做怎样的决定。如果我们不能达成一致，那么就直接在法庭上见。"

寻找那些长在低处的果实，它们更容易采摘并且不需要梯子。“我必须付出极大的努力才行”或者“我不配得到这样的结果”，这两种想法都会将请求扼杀在摇篮里。如果某个请求没有付出太多努力就成功了，不要不敢相信！不是所有事都是来之不易的或困难重重的。

儿子看中了一套公寓，当时我就对售楼小姐说：“这样我就拿不到我的佣金了。”她说：“你可以！”

克里斯·哈里森是沙特阿拉伯一家电信咨询公司的 CEO，公司才刚刚起步。他看中一家利雅得（Riyadh）市中心的办公室。当克里斯发现原来的租客要搬到一个更大的办公室时，他提出了自己的请求：“我大胆地问他愿不愿意用 5000 美金把办公室现有的家具卖给我。我告诉他这样他就可以把公司的私人物品和手提电脑搬进新的更大的办公室，而不需要花时间搬走所有家具或者费时费力地把它们卖掉。”

克里斯说：“太棒了！成交。两个星期后我们搬进了一个现成的办公室。作为一家新公司，我们没买任何家具。办公室里所有的家具、桌子椅子和打印机才用了不到一年，还很新。索求为我节约了至少两个月的经营成本。”

避免给他人制造额外的负担。比如，不要让对方花费精力来解读你的请求。你必须清楚地阐明自己的目的和请求的原因。虽然你不一定需要知道请求成功的原因，但提供请求的原因是你的责任。

我发现让别人做一些解决方案很具体的事情往往都会有结果，而让某人去想办法解决某件事却总是行不通。人们愿意执行任务但不愿意承担独立思考和做策划的责任。

让对方给你提建议，这样能让请求对他们来说更容易。通过帮助对方来“销售”或者解释你的请求，问对方：“有些什么信息能帮助您与我讨论这个请求呢？”即使是那些位高权重者也需要好的理由来解释自己对别人的所作所为。

海伦请求上司卡罗丽娜允许她在家工作：“卡罗丽娜，我可以每周在家工作3天吗？我知道有些人也这么做。如果在家工作我就可以照顾我的孩子和父母。”卡罗丽娜回答：“我也想同意你的请求，但是我没有听到任何我应该同意或者对公司有利的理由。如果你想出了好理由，随时可以再来找我。”

过了一段时间，海伦带着改进的请求回来了：“卡罗丽娜，确实有些工作上的原因需要我在家工作。我周一和周二一直在参加各种会议，根本没有机会坐在办公室里。我可以周一周二在家工作，这样进行不同时区的电话会议更方便。同时，北边的客户离我家只有5分钟路程，我能经常走动，帮助他们更好地解决问题。你愿意同意我在家工作吗？”

卡罗丽娜微笑道：“我知道给你一些时间你就能想到这些理由。我当然愿意。现在我也有了好的理由向我的上司解释，为什么你的请求对公司有益。”虽然海伦跨出了自己的舒适带提出了请求，但她的请求并不是史无前例的。通过要求海伦给出合理的理由，卡罗丽娜帮助海伦学会如何提出一个合理的工作请求。

在一个项目中，谢尔比对组员们的办事风格忍无可忍。她请求老板介入，强迫他们合作。而老板并没有同意，他说：“谢尔比，我之前已经插手了，但是并没有什么成效。与其他部门有效地协调和交流是你的工作。如果你有什么想法和建议，我很乐意帮助你一起分析。”第二次，谢尔比带着老板的建议走出了办公室。她终于明白该索要的是合理的协助，而不是期望老板完成她的工作。

不要扭扭捏捏

提问能够改变别人对你的态度。当他们很有积极性时，你的负担也就减轻了。你能否做到问而不答？当人们知道某件事正确的解决方案时，很难做到放手让别人自行解决这个问题而不提供任何帮助。与其替别人编辑好答案，不如让他们自己来表述，让他们为自己的表述提供合理的理由。

美国“本福尔德”号驱逐舰（VSS Bentold）前指挥官，《这是你的船》（*It's Your Ship: Management Techniques from the Best Damn Ship in the Navy*）作者迈克尔·阿伯拉肖夫（D. Michael Abrashoff）船长喜欢问船员的生活情况，包括成长环境、未来规划和加入海军的动机。一次，他问他们在“本福尔德”号上的角色：“你们最喜欢什么？如果可以改变，你们最希望改变什么？”

这些问题带来了惊人的结果。1998 年，这艘船的开销只占预算的

75%。阿伯拉肖夫船长说："水手们可以自由地对传统观点提出质疑，也欢迎他们创造出做好本职工作的最佳方式……你猜结果如何，在 240 万美金的维护预算中我们节省下了 69 万美金，300 万的修理预算节省下了 80 万美金。"这些船员打破了海军记录并且纷纷要求重新入伍。阿伯拉肖夫说："连我自己也觉得震惊，但数字不会说谎。这艘船的继续服役率经历了两个极端，从 28% 飞跃到 100%，并且持续保持在 100%。"

当你在同意别人的请求时也是如此，不要扭扭捏捏或者讨价还价。一个明确、不带任何附加条件的"好"是最让人欢喜的。

"迅速地找准时机说出这个'好'字，不要加任何附加条件或者限制。"《用交流留住员工》（*Communicate to Keep 'Em: Enhancing Employee Engagement through Remarkable Communication*）的作者帕梅拉·杰特（Pamela Jett）表示，这些"好"可以这样表达：

很好，就这样做吧！

我喜欢这个提议，去完成它吧！

好想法，我们开始吧！

仅仅说"好"，不要加任何条件和附加要求，不要扭扭捏捏或者讨价还价。对员工或者团队说"好"代表"我信任你"。

别去寻找正确的时机，抓住当下。

把握时机

你如何选择提出请求的时机？如果一有想法就马上提出，这样可能会导致准备不充分；如果选择一直等待，是因为怕自己会惹人厌还是担心别人会对你有看法？如果已经做好准备工作了，最好的时机就是当下，这样你可以先发制人。不停地等待会让你错过很多机会。

> 每个人都很忙，我发现自己很难找到一个适合索求的时间。
>
> 现在的人有太多事情要做，占用他们的时间和精力让我于心不忍。

玛尔戈和同事要租一间房召开一个为期 5 天的会议。在预订的时候，他们要求了有海景的房间。但到达后，他们发现给他们的房间风景并不好，窗外是屋顶和空调机组。于是玛尔戈拿起电话要打给前台请求换一间更好的房间，然而她的同事并不赞同，他说："不要打扰他们了吧。这可能已经是他们能给我们的最好的房间了，说不定换了的比这间更糟糕。"玛尔戈告诉同事自己愿意冒这个险。她向前台提出了换一间房的请求并且礼貌地解释了最初的预订要求。前台很快查看了所有的空房并将他们升级到了一间风景更好的房间。

在一次无声公益拍卖现场，波拉发现一些陶瓷盆里种着不同的植物。她觉得那个蓝色瓷盆中的植物很适合放在自己公司的大堂。她想问拍卖负责人是否能把这盆植物卖给她，但他看起来非常忙碌，波拉并不想去打扰他。就在她等待的时候，一个男人拿起那盆植物跟负责人说了些什么，随后他付了 20 美金，带走了波拉的大堂植物。波拉迅速地重新找了一盆自己喜欢的植物。这一次，她拿出钱包，径直走向负责人，问道："不好意思打扰了，我想买这个盆栽。"

该等待的时候仍需等待

有时候，其实你根本不需要提出请求。很多问题无需处理，一段时间后它们自己就能化解。而有些时候，等到请求对象更冷静或者把注意力放在了你身上，再提出请求会更好。用下面这些问题来帮助自己决定提出请求的最佳时机。

了解自己知道的情况。我所等的最佳时机究竟会不会出现？（对方是不是一直都很忙？在我所选的时间点他会跟现在一样忙吗？）

等待对请求的成功率或失败率有没有影响？

我能不能通过提出某个问题或者用别的方式找到最佳时机？

如果有人向我提了一模一样的请求，我会立刻回复他吗？

如果现在不问，那么究竟在哪个时间点我可以提出这个请求？

内特很讨厌打扰威廉，但他的确需要在几件事上听取威廉的建议。每次内特去敲威廉的门时，威廉都会叹气，然后说："可以等会儿再说吗？我现在有要紧事。"这一次，内特知道他将要提出的请求需要威廉投入 100% 的注意力。于是他问："威廉，这周您可以抽个时间跟我讨论一下我们的 3 个主要客户吗？我们需要花 15 分钟认真地谈这件事。您觉得什么时间和地点比较不容易被打扰呢？”

忙碌或压力大的人被打扰时很容易发怒。你并不知道他们是因为你而生气，还是因为被打扰或者因为其他的事情生气。如果能发现让他们生气的确切原因会很有帮助。否则，下一次再问吧。

合适的谈话时机

选择打电话的时机比较难把握。即使没有转入语音邮箱，对方接了电话，你也得不到任何的视觉提示。你不确定是不是打扰了对方或者有没有别的人在房间里。你只能依靠对方的话语和说话的声音来判断当时的情况。也许你会问：“现在说话方便吗？”但这很有可能给了对方拒绝你的理由。你要做的是，大胆一点。

罗杰是一个理财顾问。他的朋友通过邮件将他介绍给了金。考虑到金有比较大的财政顾虑，罗杰在周一早上给金打了电话。然而，金的语气并不友善而且听起来有些焦虑。她很快表示自己很忙并且在接下来的几个月里都没有时间跟罗杰交谈。罗杰挂电话时觉得非常困惑。

没有人知道为什么金用那样的态度回应罗杰。也许她正在开会，或者还没有准备好，也有可能是那天她过得很不顺心，又或者是希望跟罗杰用邮件联系而不是电话。之后，罗杰给金发了一封简短的邮件，他写道：“金，看来我在你忙的时候打扰了你。6个星期后我再给你打电话。如果你在这之前需要我，可以跟我联系。”罗杰在发送这封邮件的同时也抄送给了他的朋友，并对他的介绍表示感谢。收到罗杰的邮件之后，金记起了这件事，她打了电话给罗杰，向他道歉，并且跟他约了两周后会谈。

询问对方他们想要谈话的时间和时长，跟他们做个约定。及时并且认真地对待对方的安排能表现出你对他的尊重。及时地表示自己能够按时赴约可以为自己下一次的请求加分。

截止日期

短暂的期限常常用于迫使对方做决定或者让对方冲动行事。有个广告语叫：“现在就行动，不然全盘皆输。”面对这种情况，第一件事就是请求对方给你更多的时间，并且警惕那个不愿意给你多余思考时间的人。

时间已经不早了，在汽车销售店里，乔治上下打量着这辆新车，总觉得有地方不对劲。“好了，在这里签字吧，这样我们都能回家了。”销售员一边看手表一边说。但乔治相信自己的直觉，他回答：“在买这辆车之前，我需要 5—10 分钟回顾我做的研究和收集的资料。要不我明天早上再来吧？我知道现在很晚了。”

面对可能错过的销售机会，销售员重新变得耐心起来。他告诉乔治他可以慢慢来。当乔治查看自己对这辆车做的研究资料时，他意识到了问题所在：面前这辆车并不是他试驾的那辆，不是他想买的那辆。另外，这辆车的设备也没有那辆车高级。这很可能是销售员无心犯下的错。很幸运，乔治请求额外的时间再次核对信息确保了他将正确的车开回家。

当你面对一个很短的期限或者你认为对方缩短了给你的时间，要做的第一件事就是请求延长期限。

亚伦提早到达会议室却发现每个人都已经拿着咖啡在讨论了。他感觉自己好像打扰了他们，但再次确认自己的行程表和议程后，他知道自己并没有走错会议室，也没有迟到。这时会议主持人对他说："我们已经准备好了听你的意见。"亚伦手忙脚乱地连上电脑开始了自己的演讲。但还没有讲几分钟他就被打断了，有人问他："所以，亚伦，你的重点是什么？你想要我们做什么？"

亚伦知道大家已经开始不耐烦了，他们希望尽快进入下一个议程。相对于草草结束或者直接放弃，他选择为自己争取更多的时间。他说："针对你们的问题，我可以分 3 点作答，需要你们花上 5~10 分钟听我叙述，那么，你们希望我怎么开始呢？"听到这句话后，大家同意再给亚伦 10 分钟时间，态度也从不耐烦变得尊敬、认真。

你的请求合适吗？现实吗？

你是否曾花费大量时间为某个不现实的目标做准备？浪费时间和资源去追求不可能的结果，这种情况屡见不鲜。就拿打官司举例，很多人可以几年都陷在一个官司里，并且不知道自己究竟想要怎样的结果。很多时候，原、被告双方所追求的判决甚至都不符合审判制度。人们花费几个小时、几周甚至几个月追逐着一个不现实的梦。因为他们想要的结果不现实，所以他们的请求也就不合适。

史密斯和本森曾是一家医疗机构的工作伙伴，但最近他们闹了矛盾，双方都试图在上庭审讯前能有个明确的结果。本森医生准备了好几页白纸的理由证明自己是“对的”，应该胜诉。调解员看完他准备的内容并听了本森非常细致的解释，说道：“本森医生，听起来你好像是想要得到尊重和道歉。但法庭是无法强制史密斯医生给你这些的。”这时候，本森才意识到自己并没有考虑“胜诉”究竟有什么法律含义，而且上庭也需要支付一笔不少的律师费。很快，他们改变了交流方式。本森要求与史密斯见面。两位医生重谈了这件事，甚至相互道了歉。他们一起创造了法庭无法给予的结果。你可以不赞同，但不一定要不友善。

你可以不赞同，但不一定要不友善。

荒谬的请求

有些请求如果不明其因，看起来会很可笑。你有没有听说过那个导致陪审团决定让麦当劳赔偿 286 万美金给一位洒了咖啡的女士的惊人请求？究竟是什么原因让律师请求陪审团裁决这么大的一笔赔偿给一个 79 岁自己洒了咖啡的老妇人？阅读这件事情的前因后果会对你很有启发。

原告斯特拉·里贝克（Stella Liebeck），身体 17% 的皮肤三级烧伤，住院 8 天，进行了皮肤移植，并且接受了足足两年的治疗。与此同时，麦当劳承认有上百人曾被他们的咖啡烫伤。但是这么大数额的赔偿金又是怎么来的呢？原来，原告的律师要求陪审团裁决麦当劳将 1~2 天的咖啡收益作为对原告的赔偿，同时也是为了告诉麦当劳，是时候提供温度更安全的咖啡了。

你知不知道著名的摇滚乐队范·海伦（Van Halen）要求演唱会时后台不能出现棕色的 M&M’s 巧克力豆？是什么原因让一个乐队提出规定巧克力豆的颜色这样荒谬的请求呢？是这样的：乐队为了确保承办方已经阅读并遵守了所有协议和细节条款，他们会在条款中写上在后台放一碗巧克力豆但不能出现棕色。所以，当看到棕色的巧克力豆时，就证明承办方并没有认真阅读条款，乐队就会变得警惕起来，会更注意细节，特别是在舞台承重和安全问题上。一个类似的承重错误很有可能会导致舞台塌陷，乐器损坏，造成 8 万美金的损失。

在误会别人的请求不合理前，先问一问他们为何会有这样的请求。原因很可能会改变你的回答。当你提出请求时，记得要选择那些合理的请求，这样才容易被同意。如果你觉得别人会对你的请求感到惊讶，那么请先思考为什么你会这样推断。

索求指导指南

让每位训练或指导对象针对某一问题给你提供一个解决方案或者向你提出请求，如果可取就说“好”，不然就要求他们进一步说服你，但不能表现得扭扭捏捏或者讨价还价。

让训练对象向你表达他们的请求，并要求他们尝试着用几句话来表达。仔细倾听，确保他们传递的信息足够简短并且能清楚地让对方知道该做什么。因为糟糕的会议管理、演讲超时及其他突发状况，你永远也不会知道会议或者演讲什么时候会被取消。

本章回顾

当你提出一个请求，内容是关于某些你想得到的东西时，请牢记每个人都在专注于自己的利益。

大多数情况下，人们听到请求时思考的是“我能从中得到什么好处”。所以，好好考虑你的请求，让对方知道他们在这个请求中能获得什么。通常对方并不清楚自己在你的请求中能获得什么，这就需要你做好解释工作。

有时候你知道对方同意的原因，有时候则不知道，甚至有时候对方自己也不知道，而有些时候对方同意只是因为“因为”这个词。

制订一个方案，让对方容易同意你的请求。避免给对方制造额外的工作。清晰具体地表达出自己想要什么，而不是给对方一个概念让他来帮你解决问题，或逼迫他想出一个帮助你实现愿望的方法。

问一问自己

他们想要什么？

他们有什么合理的理由？

他们值得为我的请求付出时间和精力吗？

他们想要的东西合理吗？现实吗？

我怎样才能让请求变得对他们来说很容易？

索求能力大冲刺

审视自己下一次的演讲，看看你是否能在1分钟之内说到要点。

在下一次请求前，先问对方想要什么。

获得成功的秘密武器

在www.AskOutrageously.com网站上下载“大胆提出请求”表格。

05 取得对方的信任和尊重，才不会轻易被拒绝

只有双方相互信任并且相互尊重，才能得到更高的收益。当你如实地展现自己为妥协做出的努力以及对寻求公平解决方法的渴望，对方很可能会给予你意想不到的结果。在提出有关自身利益的请求前，先找到对方真正的关注点。

信任因素

只有少部分人通过言谈举止就能让别人觉得他们非常值得信任。这些幸运儿通过第一印象能快速地与他人建立友好的人际关系。无论这种能力是后天学习的还是天生的，他们只要在场，就能让别人觉得放松；他们一进门就能让别人觉得自己是可靠的，是平易近人的，这是一项多么了不起的技能。

在为请求做准备时，人们往往忽视了信任在人际关系中的重要作用。在“大胆提出请求”

研究中，几乎三分之一的人表示会拒绝那些自己不喜欢、不尊重或不信任的人的请求。

你会不会本能地信任遇到的每个人？很可能不会。大多数人与初识者在一起时不会完全放松或者有安全感，这种感觉会一直持续到认为对方是可信的为止。如果别人不信任你，就容易有不好的结果，你做的决定就会被质疑。工作上，上司会对你做的每件事都一一把关，做重要决策时也不会让你参与。即使你礼貌地提出请求，也无法获得自己想要的信息。在家中，信任更重要。因为它是建立和支撑人际关系的基石和纽带。

特洛伊正在跟儿子玩迷你高尔夫。不知道什么原因，风车障碍那一洞他一直进不了。当他在纸上写下自己的分数时，儿子问："爸爸，为什么你这一洞记 3 分？你都打了 8 杆了。"

建立信任

你可以通过提高自己的可信任度来改变别人对你的看法。阅读以下列表，看看自己能不能完成其中的任意两条。它们可以帮助你加速建立自己的可靠形象。

说实话并且说到做到。

守住秘密，保护行业机密。

不要骗人（即使没人知道你在说谎）。

如果自己无法独立完成，就去寻求帮助。

不要说别人坏话。

勇于承担责任，不要推卸责任。

停止骚扰和恃强凌弱。

停止过度索求或者占别人便宜。

做正确的事，即使它可能会让你付出更多。

守时。

态度很重要

要有礼貌。事实证明要听妈妈的话。有礼貌非常重要。研究中，三分之一的受访者表示自己更容易拒绝那些态度不好或者无礼的请求。虽然这个建议非常基本，但并不是每个人都能遵守。如果你的态度诚恳，对方就会愿意为你多付出一些努力。遵守基本礼仪并乐于倾听能给你带来非凡的结果。以下是要有礼貌的原因：

证明自己能够控制情绪。

以身作则，告诉对方该如何待人接物。

避免对方抓住你的话柄。

给别人留下好印象。

展现出你对他人的尊重。

让自己更出众。

更好地诠释自己的教养和社会阶级。

互惠法则在这里正适用：收到礼貌的请求，被以诚相待的人常常觉得自己也应该回之以礼。

> 互惠原则告诉我们，人们通常会礼尚往来。如果对方以礼相待，你也会以礼待之。——罗伯特·西奥迪尼（Robert B. Cialdini），心理学著作《影响力》（*Influence:The Psychology of Persuasion and Pre-suasion*）的作者

表现得友善

友善是力量的象征，而非软弱。虽然也许耗时较久，但友善的人提出请求时常常能得到更多的信任，得到更多的信息和承诺。

> 作为一个在布朗克斯区[①]（Bronx）长大的孩子，我当然学会了很多脏话，但没有哪个词的能量比“友善”强大。——琳达·凯普兰·萨勒（Linda Kaplan Thaler,《善意的力量》（*The Power of Nice*）作者）

罗斯并没有像其他人那样放下材料就走，他跟房地产经理打了招呼并友善地询问她的近况。他说：“我知道我前面还有很多人在排队，但是如果有空出的三居室，我随时都能租它。”经理很喜欢罗斯，他很有礼貌，而且相比于其他租客，罗斯对她更尊敬。“嗯……”她说，“既然你提到了，其实昨天有一套房的合同已经期满了。如果你不嫌

① 美国治安最差的区之一。——译者注

弃它的地理位置的话，我们去看看吧。我下周就可以交付给你。”

伊恩去波士顿（Boston）的航班因为机械故障被取消了。在等待改签的这段时间里，他看到乘客们变得沮丧，不断打电话，变得焦急暴躁。轮到他时，登机口的工作人员绷着脸。

伊恩说道：“说实话，我并不是经常出差。很抱歉给你的工作造成不便，但是我真的不知道该怎样赶上明天的会议，你可以帮助我吗？”工作人员的表情变得柔和起来，她回答：“看起来您应该没有需要托运的行李。如果您能在 30 分钟内到达登机口 E16，我们能安排您坐那一架飞机。您需要抓紧了，但应该不会有问题的。”伊恩感谢了她，她回道：“谢谢你。祝您会议顺利，希望您能继续乘坐我们的航班。”

伊恩并不知道这位工作人员给他的待遇比很多有地位、经常出差的旅客都要高。因为他表现得善良又有礼貌。正如很多从事服务行业的人士，这位工作人员有权力并且能够选择性地改善顾客的状况。

提出请求时，请表现得彬彬有礼。礼貌地对待所有行业，所有职位的人。为什么要颐指气使地对待最能帮助自己的人呢？接待员、服务生、干洗店员、出租车司机等，都应该与企业老板或者高级行政人员一样享受同等礼遇。这些辛勤劳作的人在友善或粗鲁的待遇面前能做出截然不同的决定。你根本想不到他们会认识什么人，有多大的权力。

> 斯蒂芬看着同事鲍勃对餐厅服务员的态度，觉得很尴尬。那个服务生不辞辛劳地确保他们能有一个美好的夜晚。鲍勃是公司的超级销售，但在这一刻，他显得并不怎么超级。

学会倾听

提出请求能够给你交流与倾听的机会。每个人都希望别人能倾听自己的诉说。觉得自己被认真倾听的人愿意与你建立更好的关系，并且愿意跟你更无所顾忌地交流。在没有仔细听对方的回复之前，先不要给你的回应找好套路。提出请求，聆听对方的回答，观察他们说了什么，没有说什么。

倾听是由人们选择的交流方式决定的。所以，最好选择合适的交流方式和有意义的谈话内容。

交流模式

最常规的法则，是将对方传递信息的方式作为自己回应此信息的方式。首先，我们先来了解自己的交流模式。看一看自己的交流偏好：

你喜欢用什么方式交流：邮件、短信、电话还是面对面？

在交流开始前，最好的联络方式是什么？

当我想要联系你时，有什么需要避免的吗？

如果我们的交流遇到障碍，我可以联系谁来找到你？

去了解和尊重对方希望你传达信息或者提出请求的方式，这样能帮助你缩短反应时间，与对方更好地沟通交流。即使有时候你觉得他们应该按照你想要的方式进行交流，但最有效的方式才是最可取的。选择最能促进对方作答的方式进行交流。

瑞恩对他的组员忍无可忍，他觉得他们很没有礼貌。因为他给他们发邮件从来没有人回复。他把这件事告诉了一个同事，同事告诉他最好是给大家发信息，他们一般都会回复信息。虽然很怀疑，但瑞恩还是给组员们发了信息，并提醒他们5分钟后参加电话会议。5分钟后，所有组员都参加了会议。瑞恩这才明白，一条群发信息比好几封无回复的邮件管用得多。

如果你觉得自己错过了某些信息，试着检查是否存在通信或技术障碍。看看自己被拒之门外的原因是否合理，这其中可能存在着误会或者信息主题跟你没有关系。

罗拉发给布林的信息一直得不到回复。不管她发什么，布林都一言不发。她绞尽脑汁也想不出自己做错了什么惹得布林不高兴。有一天两人终于见面了，罗拉问：“怎么了？为什么你不肯回我的信息？”布林表示自己并没有收到罗拉的任何信息。她仔细查看了自己的手机，发现前两天手机不知道为什么屏蔽了罗拉及其他一些人的信息。

如果你发现自己收不到邮件、议程邀请或者惯例邮件被中断了，去寻找发邮件的人或者让其他人抄送给你。一般来说，他们并不是想表现得无礼，你会被重新加入到邮件对象中。不过，记得请他们不要把所有邮件都抄送给你，只需要那些跟你有关的就行了。同样地，你也不要把自己的所有邮件都抄送给别人。

> 我告诉我的组员只要发需要我注意的邮件给我就行了。因为这个请求，我每天可以免受500封毫不相干的邮件的打扰，节省了好几个小时的时间。这一请求让我更专注于自己的组员，同时也让他们觉得联系更加密切，团队更加合作。

学会提问

提问能帮助你找到问题的原因，让你做好面对意外情况的准备。通过提问，你知道什么时候该采取行动，什么事该尽量避免。好的问题能帮你获取信息，并且能反映出对方的真实目的。

美娜·布朗（Mina Brown），《导师快速入门》（*Quick Start Coaching Kit: The Fast Track to Coaching Success*）的合著者曾表示：“想要真正了解一个人，需要问他一些开放性的问题，并且仔细聆听他的回答。倾听那些说出口的和没有说出口的。”当他们在表述自己的答案或者描述原因时，你需要认真地倾听。重复他们的话并跟他们确认你的理解与他们想表达的是否一致。

“什么”和“如何”

一段有意义的对话，需要用到执行教练的惯用技巧：“什么”

和“如何”。这两个词语能给你带来一大波信息，因为它们是非主观的。这些问题既有礼貌，又能让听众保持好奇心，不会给人一种诱导作答的感觉。

开放性问题的答案并不仅仅局限于“好”或者“不好”。因为它们的非主观性带来的是一场讨论，而不是导致听者因感觉受到攻击而进行的自我防御。通常，通过开放性问题，你能够获得自己想索求的信息，而不是一个防御性极强的回答。

你如何确保明天能准时?

开这么快的原因是什么?

你觉得如何改写能让这篇论文更好?

为什么不用“为什么”?

如果可以，尽量避免提出以“为什么”开头的问题。这个词更注重问题本身，而不是结果。常常，当人们听到“为什么”时，就会开始寻找理由为自己辩护。同时，避免以“为什么”开头的问题也能避免类似“因为我说什么就是什么”这样令人不愉快的回答。

你的意见

当有人请你帮助他们想清楚某一问题时，不要急着表达自己的意见。先通过问问题让事情更明朗。

你都考虑了什么因素?

你问了自己什么问题?

哪方面的意见可能会对你有帮助?

这样的决定对你有什么影响?

其实，人们的内心深处早有答案。他们只是需要再好好考虑自己的选择或者希望能从别人那里获得肯定。试着用这些表述或问题去帮助他们决定下一步该怎么走或者该如何行动。

听起来你已经走上了正轨，那么接下来你打算怎么做?

综合所有的意见，你更倾向哪一种?

如果不会失败的话，你想怎么做?

如果你的好朋友面临着同样的问题，你会怎么给他提建议?

www.AskOutrageously.com 为你提供了更多的指导性问题。

询问行动方向

相比于提出意见或做出评价，你最该做的是询问该做什么。人们往往知道自己下一步该怎么走并且会坚定地采取行动：

既然有这些顾虑，那么你打算如何开始行动呢?

根据我们之前所有的讨论，下一步该做什么?

你最希望怎样处理这件事?

接下来你想做什么？你有多大的决心?

你不必对别人提出的每一个问题都表达自己的观点或建议，即使你有很棒的回答，也请不要这么做。每个人的处境不同，他们有解决自己问题的智慧和能力。而且，他们更愿意依照自己想出的解决办法行事。

注意肢体语言

除了倾听之外，你还需要观察别人的肢体语言。提问能给你提供观察对方行为的机会。如果你发现对方突然改变了姿势，比如身体位置或面部表情，请提高警惕。这可能就是你所传达的信息对对方产生了影响的信号。

不要轻易断定自己有读心术。你无法知道对方的脑子里究竟在想什么，也不知道他们身体反应的确切原因。打个比方，如果对方不赞同你的观点，他们可能会通过不满地皱皱鼻子或者碰碰鼻子来表示怀疑；如果他们微斜着眼，可能是为了帮助自己更好地理解；不断眨眼或许是为了掩饰自己的谎言；摸着下巴也许是正在认真考虑你的请求。当然，所有这些行为也都有可能是因为过敏或感冒。当人们身体向前倾时，证明他们可能对你的谈话内容感兴趣；如果向后，或许是正沉浸在你的话语中。但同样的姿势，也可能只是因为对方觉得背酸了想要换一个姿势或位置而已。如果对方双手交叉，可能是想要结束讨论，但也有可能只是这样坐着比较舒服而已。

当你发现对方的身体语言发生了变化，可以这么问：

你觉得这个意见如何？

你赞同这个观点吗？

你现在在想什么？

我注意到你对这个问题好像不是很感兴趣，能跟我说说你的想法吗？

记住这一点，不同姿势有着不同的含义，但这取决于当地的文化。点头摇头、眼神交流、肢体接触、谈话距离和时间观念在不同地域文化中所表达的含义并不一致。

注意自己的肢体语言。

你的身体所传递的信息跟你想表达的一样吗？

沉默

提出请求之后，请给对方一些时间作答。每个人都需要时间去思考，去做决定。不要因为紧张而喋喋不休，也不要在对方还没开口前就打退堂鼓。要知道，对你来说，这个请求或许已经酝酿了很久；但对对方来说，这是一个全新的概念，他们需要时间来思考和消化。在沉默中等待是一项极大的考验，需要有顽强的毅力。不要打破这种沉默，它可以让你的选择留有余地。以下方法能帮助你在等待时保持沉默：

从一数到十，甚至更久。

不断提醒自己，在别人思考的时候不要打扰他们，这是一种尊重。

如果是在电话中，打开静音模式（当需要你说话时再关闭此功能）。

打电话时，轻轻咬住手指或者舌头。

观察对方，观察他的肢体语言。

告诉自己，可能等的时间没有想象得那么久。

学会适应沉默。

真真假假：谁先开口谁就输了

你有没有听说过这句话：当一个请求被抛出后，谁先开口谁就输了？这一理论的原理是：如果你先开口，就证明你处在劣势，说明你觉得紧张不安，甚至是绝望。但从实际角度考虑，如果双方都听过这个理论呢？就静静地坐着大眼瞪小眼？太快开口只能说明说话者比较兴奋，但的确也有可能打扰到对方的思路。最好的做法是一次只提一个问题，同时给对方留有思考的时间。如果他看起来很迷惑或者没有听清楚，这时候你就要重复一遍或者换一种表述方式，然后等待他的答复。

尊重他人的需求

当你认真倾听别人的需求并且给予对方他们想要的，对方会觉得受到了尊重。作为回报，他们也会给予你你想要的，而且在将来会更支持你。

特雷是一名货车运输业的技术销售代表。在一次产品说明会上，特雷需要搞清楚运输行业的客户想要怎样的软件。于是他问：“大家今天来的目的是什么呢？你们想要解决什么问题？”潜在客户的目的很明确，他们表示：“我们想要的软件只要能做到这两点就行了：1. 保证我们不会违规违法。2. 能让我们的司机知道目的地在哪儿。”

客户说完后，其中一个竞争者完整地演示了他的软件的所有功能，并且展示了这款软件的高效能性。而特雷选择了另一种表达方法。“我们的软件不是最先进的，也不是最便宜的。但是我听到了我的客户说他们想要那样的软件。”他表示：“在这里就不一一演示我们软件的 9 种功能了，我就冒一次险，着重讲一讲大家想要的那两个功能。”倾听客户的需求给特雷带来了巨大的收获。“在那次会议上，我打败了其他 7 名竞争者和他们的团队。”那一笔订单达到了特雷三个月的销售指标，也让他在销售量和销售额上成为公司的双料冠军。

如果你想要得到尊重，首先要尊重他人。仔细地倾听并且真诚地考虑他人的意见和顾虑。学会顾及他人的经历、遭遇和观点，为他们提供一个轻松的氛围。

当新来的医师助理雷蒙德去找奈利时，他注意到了这位部门主管的办公室：带花的窗帘与椅垫非常相衬，到处都是植物和鼓舞人心的照片。他问奈利为什么她的办公室这么与众不同，跟其他医生的都不一样。她回答："来找我们的都是面临紧急情况的人。他们来这里，是为了获得治疗，为了与那些可怕的疾病做斗争。在这种情况下，我希望病人们依然能感到放松自在，这样他们才能无所顾忌地问出他们想要知道的问题。"

相互尊重与约法三章

当你面对一场非常激烈的讨论时，如果事先要求约法三章，会议的参与者们会表现得更礼貌、尊重并且信任他人。

向那些能够处理好、规划好并且能缓和紧张气氛的专家们学习。他们有管理会议的秘诀，尤其擅长处理与会者争夺话语权或者产生冲突的情况。

他们会请与会者在开始讨论前先表达自己渴望得到的结果和讨论时该注意的行为。这种预先协议法则包括：是否需要控制好时间，是否需要将手机静音，讨论主题是否保密，大家是否愿意开诚布公地讨论。

> 《我发誓：我愿意》(*On My Honor, I Will*)的作者兰迪·普宁顿（Randy Pennington）表示，谈判双方往往都会预先假设每一个人都在为自己寻求最大的利益。所以他会事先问与会者："为了让谈判成功，在谈判开始前，有什么是我们必须知道的？大家希望以怎样的方式来传达信息？"

一旦人们同意了某些基本行为准则，他们就会努力遵守自己的诺言，约束自己的行为。严格的会议规则能够让人们更愿意开诚布公地讨论，甚至能为激烈的争论提供一个安全的环境。

三个组长

三个社区行动小组的组长邀请了一位调解员参与他们的会议。他们并没有心平气和地交流与合作，而是在不断地争论，希望自己得到别人的注意，得到更多的资源。

他们不停地重复细数过去的种种，指责对方的不是。这时候，调解员向每个组长提了一个请求，他说："请大家假设自己在别的组里。现在，请代表你们新的组用你们刚才为自己组争辩的气势，向别的组提出要求。"一旦各方的防御心理被瓦解，三个组长很快发现了帮助对方的方法。就这样，他们齐心协力提出了更好的请求，并且相互理解了对方付出的努力，一同提高了达成目标的可能性。

《少抱怨，多盈利》（*Stop Whining! Start Selling!*）的作者杰夫·布莱克曼（Jeff Blackman）在检查听众有没有明白他的观点时有一项独门绝技。他从来不说"你们听懂了吗？"或者"大家都明白了吗？"而是把清楚传递信息的义务放在了自己身上。他会问："这一点我说明白了吗？"

提出请求的措辞很关键。研究表明，人们并不是非常重视对字词的选用。但它们往往能改善与请求对象的关系和信任度。怎样表述才能让对方知道你没有恶意，让他知道你的请求是公平公正的？怎样才能让他们卸下防备，聆听你的请求或满足你的期望？

请求免除罚单

免除交通罚单是一个比较常见的请求。在“大胆提出请求”研究中，33% 的调查者表示他们曾请求免除罚单并且成功了。《说服法则》（*Persuasion Point: Body Language and Speech for Influence*）的作者特拉齐·布朗（Traci Brown）向剩下 67% 从未提出这个请求或者请求失败的人提供了这样一个建议：

> “避免罚单的最好办法当然是不要违规。”特拉齐表示：“如果真到了那一步，那就请表现得尊重和敬畏，通过你说话的语气和态度展示出你对执法者权力的尊敬，同时双手不要离开方向盘。”她建议等到对方要求你提供证件时再开始：“我的驾驶证在钱包里，保险单在副驾驶的手套箱里，我可以去拿吗？”

有礼貌的、尊重的并且没有威胁感的请求对执法者和其他所有人来说都是最有效的。

做好你的本职工作

你有没有做好自己的本职工作？你是不是一个好队友？如果不是，试着在一些不是你的工作或者不是你职责范围内的事上稍稍帮助别人。比如，帮那个忙得不可开交的同事接个电话、复印个文件或者开个门；帮某个手足无措的同事一同处理某个项目，或者是指导他。改变自己的一贯作风，主动为他人提供帮助。

但不要自然而然地认为对方会信任你或者认为你动机单纯。如果你无法确定，直接问对方是否对你有所保留或者是不是开诚布公。找到潜在威胁，才能胜券在握。该如何知道自己的请求是否公平，是否对对方有利呢？不妨直接问问他吧。

对我们刚刚讨论的行动步骤，你有什么问题吗？

我们讨论了这么多，你觉得这个请求合理吗？

尽早发现信任问题。虽然你知道自己的出发点是好的，但是别人不一定这么认为。他们或许曾经有过被欺骗或者遭遇不公的经历。

公正行事

有时候你不想欺骗别人，但机会就在眼前。想象一下，因为权力不均衡或一些隐藏的信息，导致你可以从中获利，你会怎么做？记住，不要伤害别人或者破坏别人的生意。

西尔维亚需要让所有供应商都降价 5%。为了防止讨价还价，她向所有供应商提出降价 10% 的请求。其中两位供应商爽快地同意降价 10%，四位愿意降价 5%，还有一位拒绝降价。

面对这样的情况，西尔维亚选择公正行事。她不想占那两位降价 10% 的供应商便宜。他们总是愿意帮忙并且提供最优质的服务。最终，她做了一个最公正的决定：要求每位供应商提供相同的降价点。西尔维亚逐一联系了每位供应商，告诉他们她需要所有人降价 7%。这一举动让她喜爱的那两位供应商明白了她的坦诚，同时，对于那四位降价 5%

的供应商来说，7%也并非什么太大的问题。而那位不愿降价的供应商，则面临着降价或失去合作机会的抉择。因为这项任务，西尔维亚得到了领导的赞赏。相对于5%，多出的2%的降价点让公司在一段时间内都不需要再次请求降价。

不在你的监控下，别人会认真完成工作吗？他们百分之百地相信你提供的信息吗？当你在一份协议中出错时，大部分人会怎么做？他们会说“没关系”还是会说“我们已经签了协议了”？你对自己可能得到的回复有多大把握？

杰西给客户发了有自己签名的人事协议。几分钟后，她发现那份协议是错的。如果对方强制执行这份合同的话，里面的某些用词会对她的公司不利。杰西马上打电话给客户：“对不起，我没有仔细检查那份合同，这是我们的旧版合同，里面有些不恰当的用词。”客户回答：“没关系，我们也发现了，这份协议跟我们商量好的不一样。我们现在就撕毁它，请把正确的发给我们吧。”

没有不透风的墙

如果你所处的职位能影响别人或者领导别人，请小心。人们会注意你的所作所为，也会知道你的不作为。他们会观察你的举动，观察你是不是友善的、慷慨的、值得信任的。当你要求他们做某事时，他们会根据你的表现做决定。想想以下这些降低信誉的行为：

福瑞德和泰德是一家塑料制造厂的主管。他们对员工非常苛刻，不让他们偷懒，严格地把控休息和午饭时间。然而，他们自己却将每天早上的 15 分钟休息时间延长到了 25 分钟，甚至更多。

珍娜发现自己的结算报告有问题。她明明在客户公司待了好几天。原来，她的高级合伙人减少了她上报的时间，把这些时间算在了自己身上，这样就能按高一级的收费标准收费。合伙人的这种行为不仅仅不道德，而且给别人造成了伤害。如此一来，客户要支付更多的钱，而珍娜却因为自己耗费的工作时间没有被记录而损失了内部信誉。

什么人值得信任

有些人因为工作或者职位的原因更容易取得他人的信任。比如宗教领袖、医生、律师、警察、顾问、教师、家庭保姆、高级医护人员、金融专家、公职人员、消防员、军人和食品供应商等。他们被赋予了更大的权力，人们信任他们，愿意将自己的金钱、个人安全、性命甚至是挚爱的人交给他们。他们能掌控那些我们不知道的或者不能检查的东西。正是因为拥有更多的权力，他们要坚持更高的标准，遵守更严格的道德准则。

> 当这些大家信任的人辜负了我们的信任或者有不道德行为时，我们就开始质疑和担心世界是不是如我们所想的那样安全可靠。想想那些律师诈骗、保姆虐待、警察侵犯民众的新闻报道。作家、记者、国家专栏作家戴夫·利伯（Dave Lieber）建议在接受任何服务前，先做一个快速的背景调查。

他表示："不要等待别人来保护你。你要知道一个公司的诡计，先武装好自己，保持一颗怀疑的心……要质疑他们，测试他们，并且在感觉不对时果断地拒绝他们。"

尊敬地对待他人，举止得体，无论有没有人在看着你。当道德底线受到挑战时问一问自己，如果选择违背道德良心，新闻标题会怎样评论你，陪审员对你的行为会有何裁决。同时，你会如何向你尊敬的人解释自己的所作所为。如果别人不信任你，他们也不会尊重你。

重获信任和尊重的方法

如果你犯了错误或者失信于人，就需要重塑信任。Walk the Talk 商务管理咨询公司总裁埃里克·哈维（Eric Harvey）这样说："在请求获得信任之前，你先要请求对方的原谅。"

首先，你要承认在任何人际关系或者商业合作中信任的重要性。告诉对方："我知道自己失去了您的信任，我希望可以重新获得它。"然后问："您允许我重塑自己的形象吗？"感谢对方给你这样的机会。在之后的日子里，记得跟对方确认自己是否重获了他们的信任。

如果一个公司出了错，也需要重新获得客户的信任。他们应该勇于承认错误并请求原谅，告诉客户自己将如何弥补过错。在这个数字化时代，想要保持客户对自己的信任度，就要实时地跟进信息，在第一时间更新进展是非常有必要的。

索求指导指南

以下有一些活动能帮助你的下属、训练或指导对象提高自己的信任度和受尊重程度。

请你的训练或指导对象在会议室中增加一些设备来帮助会议更高效地开展，如计时器、报时器等。

开会时，请他们观察与会者的行为，及时叫停与会议无关的事。向那些缺乏积极性，较少发言的与会者提问。

给他们一些关于信任和尊重的情节剧本。让他们思考在这些情况下自己该提出怎样的请求。

检查公司的薪酬机制、内部资料、规章制度，确保员工没有能够钻空子的地方。

让你的直接下属们一同制订会议协议。在开会时请大家遵守自己拟定的协议。

如果想要更多关于会议协议的条款内容，请浏览 www.AskOutrageously.com。

本章回顾

提问能给你一个聆听的机会。当你在倾听别人说话时，表现得尊重对方，让对方信任你，并从对方的谈话内容中获取更多信息。

知道别人喜欢以什么方式交流（短信、邮件、电话、面对面）能帮助你实现自己的请求。

当你掌握了一些对方不知道的信息，你就有机会从中获利。

然而，你有某一信息不代表你必须公布它。

有策略地使用有利条件。

尊重每个人，无论他们的社会地位如何，无论有没有人看着你。如果你表现得粗鲁或者不礼貌，对方很有可能会拒绝你的请求。

问一问自己

问一问别人喜欢的交流方式，比如：“你希望我给你打电话还是发邮件？”

做什么才能让别人更信任我，尊重我？

在生活或工作的哪些方面，如果我投机取巧，可能会做出不道德的事？

哪些借口会让别人不再信任我？（将自己的错误合理化的借口：“大家都这么做”“没有人会知道，没人会在意这些”“这已经差不多了”。）

我的行为是因为正直诚实，还是仅仅为了迎合别人？

索求能力大冲刺

保守秘密，即使是大爆料。

不要打断别人说话。

这周不管去哪都不要超速。

提早到达约会或会议地点。

提出请求时，无论结果如何，心情如何，请记得要保持礼貌，尊重他人。说谢谢。

获得成功的秘密武器

如果想要更多关于会议协议的条款或者建立信任方面的内容，请浏览 www.AskOutrageously.com。

刻意练习请求的方式

我们都知道“熟能生巧”这个成语，但应该也有人知道它的修正版“完美的熟才能生巧。”这句话的意思是：只有每一次都运用正确的练习方式，才能有所提高，不然只是徒劳罢了。然而，在请求法则当中，完美的练习不会带来精通。原因是：你并不完美。你永远不会完美，无法做到完美地提出请求，也永远不会得到一个完美的回复。专注于将提出请求的方式完美化会耽误索求和练习的时间。对于大胆提出请求来说，不断练习是为了证明提出请求能带来非凡的结果。

如果你不够大胆，该如何提高自己的索求能力呢？方法就是无论在哪儿都索求，直到你有了提出请求的勇气。走出自己的舒适带，向别人提出请求。选一个没有人认识你的地方，开始练习索求。

生活中，你有没有请求

在手机、网络上获得更好的套餐服务

在餐厅或宾馆获得一个更好的位置或房间

降低信用卡利息

让他人偿还欠你的钱

打折或者用一张过期的优惠券

减房租或者中途停租

免罚单

借钱

让老师给你加分

插队

绝不会要求

没有，但是不介意提出

有，但没有成功

有，而且成功了

有，不仅成功而且得到了更多

不适用

这个方法能降低请求的风险，并且让你慢慢习惯这一举动。它能让你体验提出请求的全过程并且没有太大威胁。比如，在杂货店里问其他顾客他们买的面包味道如何，在熟食店问店员有没有降价产品或其他一些折扣信息，请一个店员去仓库帮你拿某个商品。

> 不要练习如何表现得完美。
> 练习的目的是为了让自己知道索求的好处。

不要止步于杂货店。不断运用这一概念，去跳蚤市场、旧货市场，从那些你并不在乎得失的商品开始。当分发免费小样时，你也去要一份。肆无忌惮地提出请求吧，大步往前走。索求比你应得的还要多的东西，请求给你一个大折扣或者大降价。用一个极低的价格请求购买你不需要但是拿着也无妨的东西。议价没有什么大不了的。就站在那儿，保持微笑，保持心情舒畅，然后默默地观察。

吉米在办公用品店买了 3 个打印机墨盒，付款时显示总共 100 美金，这个价格远远超过了她的心理价位。于是她请求收银员在官网上重新确认价格。就在收银员查找价格的时候，吉米身后排起了一条长队。等待期间，吉米又提出了一个更大胆的请求："请问有优惠券吗？"令人意外的是，收银员从抽屉里拿了一张优惠券给她。就这样，吉米离开的时候带着 3 个价格正确无误的墨盒，用优惠券打了折，并且得到了一些免费的照片打印纸。

小请求会变成大请求，最后变成更大胆的请求。观察自己在索求学院的成长吧！然后，你会在购买金融期权的时候提出无畏的请求，再过一段时间你就能在买房时要求免手续费。很快你就会请求一间独立的办公室，甚至是属于你自己的办公大楼。

> 在旧货市场中观察人们的行为。
> 注意有多少人提出了大胆的请求。
> 观察这些得心应手的索求大师们。

跟陌生人交谈

忘掉父母那一套“不要跟陌生人讲话”的理论。先拿陌生人练手，他们是最好的索求对象。因为你再也不会见到他们，而且他们对你也没有偏见。如果在公共场合看到面善的陌生人，就选定他们作为你的练习对象吧。大多数人会愿意给出自己的意见或选择。所以，放手去练吧。

选择酒店前台、餐厅服务生等服务业人员作为练习对象。要求一个更好的位置、更好的房间、免费甜点或者一项免费升级服务。通过不断练习有礼貌地请求来让他们给你更好的服务。不要去管什么爱占小便宜、贪婪的说法。这些行业的人每时每刻都能收到各种请求，你的请求永远不会让这些老练的专业人士感到惊讶的。观察他们如何在同意或者拒绝一个请求的同时依然能够维系与客户的关系。

打扰别人

不要担心会打扰本应服务你的人。当你找某个员工时，他或许正在与同事商量本周计划，或者打字，又或者在假装忙碌。

走到他们旁边耐心地等待，直到他们注意到你，然后礼貌地请求帮助：

很抱歉，我也不想打扰你，但是……

不好意思打扰了你工作……

仔细想一想。如果对方表现得有礼貌，你自己也不会介意被打扰。礼貌地打扰别人然后提出自己的请求并没有什么不对。而且，他们的本职工作就是为顾客服务。

做一个有礼貌的干扰者。

说到这一点，你可能会质疑："什么？你想让我去打扰陌生人或者麻烦正在认真工作的人？"是的，阻止自己想要离开的冲动。无论打扰的是谁，认真观察他们的反应和你自己的反应。

如果有人表现得好像你妨碍了他们完成杂货店管理的"头等大事"，比如把商品摆放到货架上，好好品味自己的感受。礼貌地打断那两个正在谈论最新恋情、足球赛况或者谁的文身更好看的员工。很简单，就是打断他们，然后提出请求。你知道吗，你真的是太有勇气了！你打扰了那个拿着工资来服务你的营业员耶！

有些人被打扰后会看起来很慌乱，看起来很心烦或者是不停地翻白眼。你会遇到类似的反应，只要把这些当作反馈就好了。如果他们在完成自己的工作上有问题，那是他们自己的问题。由你来决定自己是不是过分了，需不需要道歉，又或者是应该提出下一个请求。

在所有请求练习中，请把自己当作一个中立的观察者。努力控制自己的情绪。识别你觉得最容易提出的请求和那些不值得你浪费时间和精力的请求。什么时候你觉得不舒服，想要离开？观察并思考哪些方法可取，哪些不行。

拿家人练习。家人是最困难的练习对象。向他们提出一些大胆的请求，比如请他们多承担一部分家务，让他们放弃与朋友见面的机会，跟你去看电影。如果你能说服自己的家人，你几乎能说服任何人。

工作中的请求

在工作中，调查对象表示他们最常提出的请求是客户推荐、延长项目时间或者请求供应商提供更好的条件。

在工作中，你有没有要求

供应商提供更好的条件

延长项目完成时间

客户推荐

对某个求职面试的介绍

换组或者换部门

升职或加薪

更好的工作环境

更多假期或私人空间

同事或老板道歉

换上司

绝不会要求

没有，但是不介意提出

有，但没成功

有，而且成功了

有，不仅成功而且得到了更多

不适用

在工作中可以提哪些请求？

有些人觉得在工作中提请求比在私人生活中要容易。你可以：

请求一个长期供应商免邮费或者降价。

请新同事共进午餐。

请求同事的帮助。

咨询某人的意见。

请求老板与你进行（电话）会议。

邀请某个同事成为你下次群组（电话）会议的主题专家。

请求朋友对你的演讲提出意见。

请求实习。

在项目上请求增加合作伙伴。

请求去其他部门学习或者得到培训机会。

请求领导某个团队或者负责某项提议。

请求获得能发挥你的才华的工作。如果你是一个好员工，让你开心高效地做最适合你的工作正是上司最大的收益。

吉娜看到公司的一个部门正在开发一个在发展中国家提供干净饮用水的项目。虽然超出了她的职责范围，但吉娜还是找到了项目主管，询问如何才能加入这个项目。

安东尼奥告诉上司他喜欢演讲和做培训。他问她是否有机会做这一类工作。上司知道了安东尼奥的兴趣特长后，让他在会议中担任发言人，并将另外两个不喜欢做发言工作的同事的工作也分配给了安东尼奥。她还推荐安东尼奥去其他部门培训员工演讲的技巧。

弗兰克看了一部关于可再生能源利用的纪录片。他非常感兴趣并且希望能将绿色生产运用在自己从事制造业的公司中。他在网上做了进一步研究，同时加入了一些网络团体。上班时，弗兰克把自己的想法告诉了公司设计和发展组的负责人。负责人同意在 3 个产品上建立试点工程，看看可再生能源产品是否有市场。

集中注意力在请求上

在研讨会上，三位在请求训练上很有潜力的高管客户同意在接下来的一周内，同时在工作和生活上进行索求练习。虽然他们走出了自己的舒适带，但他们并没有直接将索求变得很大。他们先从自己想要的东西着手提出请求。慢慢地，他们的索求不断变大，次数也不断增多。当你专注于自己的需求和请求时，无论在什么地方，总能有突破。

曼蒂在工作和生活中都提出了请求。那周结束后，曼蒂汇报了自己的成果："首先，我请一个客户把变更的订单发给我，这样我就可以出账单了，他已经拖了一段时间了。结果客户同意了。然后，我问我的兽医能不能免除我的宠物的门诊费，因为我一直都是一个按时付钱的好顾客，他也接受了。最后，我问我的承包商能不能降价，为一个变更了订单的客户提供一些优惠。他也同意了！"

莎伦汇报了自己那一周提出的所有请求："最近我们公司的管理机制正在向电子化迈进，但我们还在用纸质表格。为了取消文书工作，我问领导我们能不能创建电子表格。他同意了。领导建议用一年来过渡，这是一个合理的时间期限。然而我又提出了新的请求，我问他能不能缩短到 6 个月，他又同意了！另外，我的未婚夫表示，只要我能找到在我们预算之内的戒指，他就同意给我买一枚婚戒。"

布莱恩也有相似的结果："首先，我问我的客户能不能额外再给我两周的时间来完成项目。我以为他会拒绝的，但没想到他同意给我一周的时间。另外，这几个月我一直与分包商通过邮件协商一笔两万美金的欠款。最后我决定跟负责人见面谈谈现在的情况。这次见面后，他们同意支付这笔欠款。"布莱恩也提出了私人请求：我问我妻子有没有准备好生第三胎，她居然说好。

在工作中，如果你与他人携手，互帮互助能得到什么呢？如果一个团队充满积极性，你们就能一同创造出了不起的点子。这些点子为你们节约了时间和金钱，帮你们摆脱了烦恼。下面是一些合作伙伴相互请求改善现状的例子。

我们请求了增加发货次数。现在发货次数有时候达到一周一次（增加了 50%），这是大胆索求的成果。

我们的一个请求帮助我们每年节省了 9 万美金。

我们请求制造商免费提供设备、安全装置和一些说明材料作为我们的培训设施。现在我们的受训人员能体验到真实的设备和产品。

我们购买了一套明年大会用的娱乐软件，并成功请求了 5000 美金的优惠。

请求给予更多业务

在研究中，工作上人们提的最多的请求是向现有客户请求给予更多业务。66% 的受访者表示他们曾请求客户介绍业务并且成功获得了一个或多个。

联系你的客户并向他们索要更多的业务。下面有些提出请求的用语供你参考：

我真的很喜欢跟您合作。您觉得还有其他什么项目我们可以一起合作的吗？

基于我们刚才的讨论，您觉得在接下来的几年里，我们还有哪些合作机会呢？

你也可以让客户给你介绍新的客户：

您和您的业务都非常适合我们公司。请问您认识其他一些可能会需要我们的服务的人吗？

我一直想跟某位经理开拓业务，您好像认识他。请问您能发一个邮件给 ×× 公司帮我跟他们搭线吗？您可以告诉他们您对我的服务的感受。

无论对方有多喜欢你，他们总会忘记曾经对你的帮助，除非你自己提起。请求给予更多的业务并不是在吹嘘自己，而是让更多人知道你提供的服务和产品，让他们知道你能提供的优秀服务。

毛遂自荐

工作上该如何推销自己，告诉别人自己有多出色但又不像在自吹自擂？试试下面的方法：

如实地介绍自己的背景以及能提供的服务。

写一些实际案例展现自己公司的业务水平。

请合作愉快的客户给你做客户评价，并在征求他们的同意后将这些评价放到网上或材料里，作为你的推销素材。

展现你与同类型公司不同的地方。（比如，时效性、质量、价格、客户至上度）。你的潜在客户希望知道你的不同之处，这样他们才能做出最明智的选择。

商业指导师塔玛拉想要获得更多的演讲机会。于是她联系了哥伦比亚和弗吉尼亚区的指导师们，请求他们的帮助。在自己的社交网络圈咨询后，她得到了在白宫和几个联邦机构做研讨会的机会。

> “我大胆地提出了请求，并联系了今年没有太多往来的客户。我们很快展开了讨论，他们给我提供了一些合作机会。”

通过向合作愉快的客户索求更多业务和客户介绍，你展示了你能接待更多的客户或者处理其他类型工作的能力。不断地、专业化地练习提出请求，能让你的生活变得更充实，并且在未来的工作中保持最佳心态。

有疑问就该提出来。
——律师调解机构

大声说出心里话的好处

提出请求后保持沉默能让你看起来更强大。但如果你本该大声说出请求，结果却保持沉默，那就显得消极被动了。比如，一个客户让你给他一个优惠价。你的收费合理，而他并没有给你什么正当的优惠理由。这时候，你就可以问问自己希望如何使用自己的时间。“我是希望把自己的时间花在那些接受了我的服务并且有能力支付相应金额的人身上呢，还是花在我投入了热情却得不到应有报酬的事上？”保持沉默可能会让你损失一笔，然后后悔自己当时没有出声。

求职面试中的请求

在紧张的面试过程中，要时刻记得自己想要什么。我们研究的受访者表示，他们后悔面试时没有更专注，没有提出请求。比如索求更好的报酬、搬家费、更多的假期或任何比前一份工作更好的福利。他们后悔在面试过程中没有探索更多的机会，没有为提出请求做准备。爱立信（Ericsson）企业并购部的人事金吉·谢利海默（Ginger Shelhimer）提出了几点建议：

商谈工资时应做好充分准备。在提出请求前，先对自己的技能价值做一个市场调查评估。然后提出一个既符合自身价值又能让你和潜在雇主双赢的请求。这样一来，你得到了这份工作，而你的雇主也得到了他们想要的人才。

如果签合同时协定的报酬不合理，入职后，你又发现新来的员工工资比你高或者享受了你享受不到的优待，你就会大受打击。

这些你本可以通过索求得到。

> 在给下属做绩效考核时，我发现他们的薪酬比我高。可是他们并没有我的专业技能、工作经验或者岗位职责。于是我向老板展示了绩效文件，他调整了我的薪酬。如果我没有发现这点并且没有提出请求，我就不会获得加薪。

升职和加薪

索要钱财常常让人望而生畏，特别是请求加薪。“大胆提出请求”研究中，10% 的人永远不会要求加薪。有些人宁可换一份工作也不愿意向现在的上司提出升职或加薪。

请求加薪看起来感觉像是在威胁老板，暗示他如果不同意就要辞职。好像在下最后通牒。

如果公司当时正准备裁员，那就危险了。

这样做很冒险。说不定上司自己都很久没加薪了。

大部分上司根本没有给你加薪的权力。

如果正好碰到公司的困难时期呢？还不如不问。

好消息是，现在的形势对你有利。请求加薪的人中，成功者多于失败者。让我们来看看“大胆提出请求”研究的数据：

17% 的受访者请求加薪但以失败告终。

40% 的受访者请求加薪并得到了自己想要的。另外 8% 的受访者不仅成功了而且得到比自己提出的还要多的回报。

研究显示，人们在提出加薪前往往会做这些事（按普遍率排名，择前三位）：

1. 找出并着手执行能帮助请求被同意的事。
2. 调查其他岗位其他职业的人的薪酬。
3. 询问自己认识的领导的意见。

像 www.glassdoor.com，www.monster.com，www.recruiter.com 之类的网站能提供公司背景、公司文化及薪酬参考。无论你想找工作、升职还是招人，都可以关注这些网站上的信息。你有可能看见别人对你们公司正面或负面的大爆料。

如果得到同意，请做好准备。你的老板可能不知道你有这样的想法或者在状况之外。无论怎样，提一个重量级请求，万一他答应了呢！

那个下午，我向老板提出了加薪，他曾经承诺过这件事。他表示自己真的不知道我到现在还没有得到加薪。

我问主管我是不是能申请这个职位。他说我在公司上班的时间不够久，也没有这个岗位所需的工作经验，但是他愿意破例。虽然我在公司只工作了 9 个月，也不是本科生，但我还是得到了升职并且在之后一路步步高升。

当你提出升职或加薪的请求后，主管可能会替你向领导层汇报这一请求。所以，在索求的同时向你的主管提供正当理由，并证明自己的能力。这样才能帮助他们向他们的上司提出请求。

做好被拒绝的准备。与其他人一样，上司也需要时间来消化一个新想法，比如升职。你可能思考了好几个月，但对他来说这是一个全新的信息。偶尔，你也会碰到一个能给你帮助却不愿意或不能传达信息的主管。但至少因为提出了请求，你知道自己面对的形势。如果处境糟糕，那么你可以申请岗位调动或者另辟蹊径。

> “你当然可以得到加薪，但首先你有50个关卡要过，同时你要证明自己已经准备好了，证明自己的实力。如果这些你都成功了，我对你所有的回答都很满意的话，在决定你是否能够加薪之前，我会考虑一下要不要跟我的上司谈几句。但是之后，我可能还会让你来找我，再让你重新闯关，反反复复直到你累了放弃了为止。”

如果遭到拒绝，知道自己今后该怎么做。比如，你可以说：“我理解公司现在的财政状况。那么在将来，我该怎么做才可能获得加薪的机会呢？”然后朝着那个方向努力，证明自己的进步。

特里希想知道自己的不足，希望提升自身的能力。他的主管不想打击他的热情，也不想给他绘制一个不现实的晋升蓝图。特里希这样

问：“我知道现在没有合适我的职位，但我希望自己能做好准备。与那些曾得到您提拔的人相比，有哪些方面您觉得我还需要提高？”

评估自己将来能给公司带来什么。表现自己，做好本职工作是最重要的。确保自己在公司的形象是正面的，是对公司有贡献、对同事有帮助的。评估自己在提升公司业绩、降低成本上有何作为。在你提出升职或加薪前，实事求是地列出自己取得的成就和对公司的价值。大胆地写上你曾做出的贡献。

> 我刚升职了，但人事不想用我提议的职位名称。我决定再索求一遍，这一次我加上了理由。最后请求成功了。虽然在薪金上没有变化，但我还是很高兴。

建立一个“看好我”文档，把所有称赞你与众不同的邮件和对话截图后统统放进去。当你准备向老板提出升职或加薪，或者只是想要得到一些鼓励的时候，看看文档里的材料，回顾一遍自己取得的成就和获得的认可。首先向自己证明自己的价值，这样在提出请求时才能更自信。问问自己：“如果有一个人像我一样工作，我会对他说什么？”结果一定会让你大吃一惊的，承认自己很厉害吧！你有很好的声誉，履行了自己的承诺，有着赫赫战功。就算请求没有被同意，你今天打下的基础也会对将来产生无形的影响。

在一次全球销售会议上，玛格丽特大胆地请一位高级主管去她的管辖区见一位客户。玛格丽特说："这位客户是一家医院的采购主管，他负责从我这里采购一款医院系统。虽然这款系统算不上全国通用，但在我的管辖区内是非常受欢迎的。他们现在正在用的是价格相对较低的一款，而他们有意向换成价格更高的一款。"听完玛格丽特的请求，这位高级主管与她一同去了那家医院。客户很惊讶如此高职位的人会一同前来。"虽然我们最后还是没能说服他们更换系统，但是我向公司要员展示了我对产品的了解度和销售能力。虽然那一次我的业绩没有达标，但我还是觉得自己做得很对，并且知道这桩生意没有被竞争对手抢走。我很高兴自己提出了那个请求。"

向前看

你过去所做的一切都已经拿到报酬了。重复强调过去的丰功伟绩不应该是你的重点。重点应该是在接下来的日子里你能为公司带来什么。请记住给你的主管提供辅助信息，这样才能帮助他向上司、人事或其他领导替你争取或"推销"你的请求。

化妆师婕米花了好几周时间思考如何让店内销售的化妆品吸引更年轻的顾客群。她写了一份计划书，详细地阐释了自己的想法。当婕米把这份计划书交给店主时，店主并没有跟她展开讨论，而是直接将计划书放进了抽屉里，表示自己之后再做考虑。婕米觉得被无视了，似乎自己的想法并没有被重视。在离去前，她请求得到一个解释。

"我看到您把我的计划书放进了抽屉里，是有什么问题吗？"店主回应："婕米，我们现在正在处理一些税务问题，要到周五才能仔细看你的计划。"婕米这才意识到计划书的搁置跟她个人原因毫无关系。她回答："谢谢您告诉我这些。希望下周二上班时能与您交流。"

提出请求才能取得进步

做好准备，深呼吸，然后提出请求。不要因为担心被拒绝或者表述不够完美而放弃。你的老板会觉得你满足于现在的薪资待遇，满足于现在的状态。你要做的是让他知道你想要更多的报酬或者是升职机会，并且你愿意为自己的需求更努力地工作。

有时候你的工作状况已经处于某个职位应有的模式，但并没有获得那个级别的薪资或者被正式任命为那个职务。

> 当被问到谁符合"没有头衔的领导"这个角色时，我的同事们纷纷指向我。在这之前，我从来没有把自己当作领导。领导级职位开放时，我提出了申请并且从那以后连续两次被升职。就这样在 6 个月内，我从一个从业 20 多年的前线人员变成了部门主管。

只有你能对自己的职业生涯负责。除了你自己，没有人是你的工作、家庭和财政状况的直接受益者。没有任何人能对你的一切负责，只有你自己。如果优秀的工作表现没有让你获得你想要的，这时候就该专注于自己的内心，请求加薪或升职。去大胆地提出请求吧！

索求的好处

说出自己的渴望有这样一个好处：你能有更多的收获。一旦你开始为自己提出请求，通常别人也会开始支持你所做的努力。如果人们尊敬你，知道你想要某些东西，他们会义无反顾地帮助你得到你想要的。

没有人要你拿工作冒险，拿性命冒险，拿你的一生冒险。只是在一些安全的地方冒一些安全的险而已。请求被同意，也有一部分幸运的因素。而且你会发现越大胆地提请求，就会越幸运。在拉斯维加斯，如果你想要得到赌注，就要舍得冒险。大胆地提出请求吧，不要在乎地点，也不要在乎频率。

索求指导指南

让你的训练或指导对象在一周内大胆地提出请求，并且向你汇报结果。将他们分成三个组进行比赛。看看哪个组能用最少的请求获得最多的回报或者使用的方法最有创意。

询问他们对公司做的贡献。让他们按比重依次列出自己主要的工作职责和工作内容，并且指出自己的付出值得更多回报的原因。

本章回顾

提出以“什么”和“怎样”为开头的问题，因为这些问题的回答更注重解决方法。

避免以“为什么”开头的问题，因为这些问题会驱使对方关注原因。

更认真地倾听别人对你的答复。

告知对方自己的目的，这样别人才能理解你的原因。周到地询问别人的需求。

不断练习被拒绝，直到你变得习以为常。

适应拒绝。如果你还没有被拒绝，证明你索求得不够多。不断索求直到被拒绝。

问一问自己

我可以请谁帮我找一个商品或者帮助我?
我该怎样请求合作愉快的客户将我介绍给其他客户?
当我说到自己在做一个新项目时，我的同事做了一个鬼脸。这是什么意思?
我怎么向公司证明自己的价值?

索求能力大冲刺

练习做一个礼貌的干扰者，并且礼貌地打破“规则”。
问一个店员是否可以用过期的优惠券或得到折扣。
问服务员能否提供免费甜点、升级服务或者帮你换一个更好的位置。
提早到达约会或会议地点。

向一个店员咨询某个商品或向陌生人询问某些信息。让一个售货员帮你找某个产品。

获得成功的秘密武器

在 www.AskOutrageously.com 网站上下载“工作中可以提的请求”列表。

Part 3
提请求时

在请求开始后，克服内心紧张焦虑的情绪，审时度势，把对方想要的先给他，适当地调整自己的请求策略，用对方喜欢的方式交流。

07 克服紧张、焦虑和压力

提出请求常常伴随着想要逃避的情绪。在提出请求之前，感觉到肾上腺素的冲击是很正常的，这与准备在听众面前演讲的紧张感类似。如果进入一个刺激的环境，大脑会示意肾上腺生产更多的肾上腺素。如果你没有准备好接受这股力量，就很有可能被它击倒。

提出请求时伴随的压力、紧张甚至是期待，都有可能影响到信息传递或交流的方式。你可以按照最坏的结果来做准备工作，但心里期待着最好的结果，告诉自己保持冷静。你感觉到的生理反应是真实的。如果你能妥善运用，肾上腺素的刺激会对你有利。肾上腺素的冲击能给你额外的力量，让你更警惕。当提出一些重量级请求时，谁不想有更多能量，变得更机警呢？

被压力击垮

你有没有过被担忧、挫败感或压力打倒甚

至是击垮的感觉？你的压力太大了，根本不知道下一步该怎么走。需要做的决定堆积如山，而且你明白自己的请求会影响下一个决定，而下一个决定又会影响下下个决定。无限的因果循环，让你不知道从哪里开始，就这样看着时间一点点流逝却无能为力。你希望有人能帮忙但是不知道找谁，也不知道怎么跟他们说。心跳加速，胸口闷闷的，感到胃疼、头疼，却什么也做不了。

如果你既冷静又理性（或者正在国外度假），可能就会有“战斗或逃跑反应”[①]（Fight-or-Flight reaction）。然而，虽然你现在充足了电，能量满满，但你脑子里能出现的最理智的词只有“不理性”。心理学家梅尔· 怀特赫斯特（Mel Whitehurst）表示：“恐惧非常能激励人，它可能是所有激励因素里最棒的因子。最有效的行动往往伴随着轻微的恐惧。”

快速回顾：肾上腺素和恐惧可以是有利的。当表示怀疑或者无从下手的时候，休息一下，做一个深呼吸，仔细想一想，然后再开口。如果你不知道自己有什么可索求的，不妨试试 ASK 三部曲。

ASK 三部曲

三部曲能帮助你分析当时的状况，让你更有效地交流。这套方法适用于绝大多数的请求和意外状况，甚至那些最困难的情况也能攻克。

---

① 机体经一系列的神经和腺体反应将被引发应激，使躯体做好防御、挣扎或者逃跑的准备。——译者注

A: Aware（搞清状况）

S: Seek clarity（确认语意）

K: Know your next best request（想好对策）

当面对紧张局面时，运用 ASK 三部曲。首先要保持冷静，并且能体谅他人。这样才能理性地与别人讨论某个话题或者得出一个双方都认可的结论。情绪和反应都有可能妨碍你做出清晰客观的思考。不要让情绪操控你，而是把它们作为需要急中生智和准备下一个问题的信号。

体验当下

留意压力是如何影响你的。然后通过熟练地操作 ASK 三部曲来重新掌控全局。你要做的第一件事是留意自己的心跳、想法、呼吸节奏和身体是如何感受压力的。

搞清状况。知道发生了什么。问自己一些问题。对方的行为、话语、腔调和姿势代表了什么？你自己的呢？此时此刻你察觉到了什么？

如果你觉得紧张，注意自己的身体反应。你察觉到了什么？比如，呼吸很弱或很快？如果是这样的话，试着通过数吸气呼气的次数帮助自己放慢呼吸频率。泪水在眼睛里打转或无法集中注意力？试着把注意力放在环境上。比如，注意椅子的材质、墙的颜色、地板的材料等。

确认语意。深入理解对方的话。当你觉得自己漏听了某句话或者不确定对方的意思，直接跟对方确认，以“什么”和“怎样”作为开头提问。

如果你觉得紧张，多问些问题然后不带情绪地重复你所听到的，再继续询问“我这样理解准确吗？”或者“我的措辞对吗？”

每个人对同一词语的理解和定义存在差别。为了进一步确认，你可以请求对方给你举一些例子。比如问对方“你能给我一些那种行为的例子吗？”或“你提到的 ________，可以再进一步描述吗？”之类的问题。

保持眼神交流，如果有可能的话试着做笔记。这样做能让你保持客观冷静，减少对方的评价对你造成的影响。如果被问到你在做什么，你可以这样回答：“你的评价对我很重要。在回复前我想确保自己没有误解任何信息。”

在确认语意时，也记下你问自己的问题。

清楚自己的恐惧

你可能听过这句话：恐惧是看起来真实的假象。你有没有注意到很多担心的事并没有真实发生？当真的有不寻常的事发生时，你往往无法预料。处理恐惧和担忧的最好办法，就是把它们写下来，或者口述给那些会为你做记录的人。写完后问一问自己：

我对这些事的真正担忧是什么?

我有哪些选择?（选择往往超过两种）

我现在要选什么?

什么时候我会重新面临这个决定?

最坏的打算是什么? 我能接受吗?

当看到自己的顾虑变成白纸黑字时，你才能决定自己该怎么做。不是被迫做什么，而是自己选择这一次要怎么做。逐一查看每一条顾虑，决定哪一条是非常重要的，必须马上解决，哪条可以再等一等，或者可以直接忽略。（请记住，如果你决定了自己该怎么做，但对获得的结果并不满意，你依然可以换另一个决定。）

想好对策。根据现有的情况和你所获得的信息，确定下一步该做什么，知道下一个最好的请求是什么。你不需要想出所有细节，只要知道下一步是什么就够了。如果你无法决定接下来该怎么做，那就多问一些问题帮助自己做决定。

如果你感到焦虑，问一问自己，我知道现在最该提什么请求吗？我需不需要再问一个问题来澄清误会？根据刚才得到的信息，我该不该提一些问题来帮助自己决定如何选择？我的最佳请求是一个很大的突破吗？

休息一下

不管是在思考是否该重新部署策略、消化新的信息和寻找信息，还是仅仅是在做深呼吸，你都可以随时按下暂停键。根据你的需求稍事休息，不要急着回应。告诉对方彼此都需要休息一下。

看来我们需要休息一下，明早再谈如何？

我需要稍微休息一下，10 分钟后见，好吗？

如果你请求了稍事休息，不妨拓展一下休息方式，去外面走走，洗个澡，喝杯水，做做深呼吸。好好利用这些时间来让自己平静下来，捋清思绪。

有时候你需要离开片刻

——但次数没有你想象得那么多。

有时也需要让对方休息一下，让他们捋清思绪或者是平静下来，尤其是在他们的情绪变得激动的时候。

你有没有因为太意外而一时不知道该怎么回应某个请求的经历？不要觉得自己必须马上对刚接收到的信息做出回应。你可能需要一点时间找一些灵感或者思考该如何回复。比如：

谢谢你让我知道了这一点。我希望像你一样经过深思熟虑再回复这件事。我们可以明天下午再谈吗，让我好好思考一下这件事。

从你的语气判断，我需要调整日程安排，选一个不会被打扰的时间好好谈这件事。下午 3 点你再来找我如何？

从抱怨中喘口气

发现与别人有相同的经历会让人觉得舒适和放松，觉得自己并不孤单。当面临挑战时，跟有相似经历的人学习有效的应对方法能给你一些帮助。同时，当你碰壁时你们可以相互鼓励和扶持。

不幸的故事总希望有人聆听，但忙碌的人不会这么想。

小心那些总是抱怨但无所作为的人。通常他们会咨询你的意见但从不采纳。这些负能量传播者会为自己一直扮演受害者的角色找一些冠冕堂皇的理由，但从来没有行动。他们停止提出请求，停止寻求解决办法。他们的负面情绪既无益又有可能对你造成影响。

习惯性不索求

你是不是习惯性不索求？如果是的话，你可能经常听到这样的声音：

我让你做什么你就做什么，别废话。
不要这么贪得无厌，给你什么就拿什么。
如果我需要你的意见，我会问你的。
别再问来问去了，做就是了。
为什么？因为我说这么做，这就是原因。

你要听话，要任劳任怨，要做一个老好人，不要做出格的事，也别问太多问题。奖励是给那些乖乖听话的人的，不会给那些质疑权威的人。要服从，让你做什么你就做什么，这样你才能拿到最好公民奖，最讨喜学生奖，最任劳任怨员工奖。

> 我们有些公司文化等级非常森严。如果老板也在电话会议中，那个知道相关信息或者解决方法的人往往不会发言。只有指名道姓地要求某人回答，才能得到答案。

也许你的文化背景营造了一种不要索求、不要走出舒适带的氛围。如果是这样，你应该经常听到这些告诫：

不管怎样，不要丢脸。

先考虑别人，再考虑自己。

遵守规则和命令。

大人说话小孩不要插嘴。

不要打断长者说话。

不要改变现状，尊敬传统。

保卫家族名誉，不要让它蒙羞。

可能宗教也是原因之一。大部分宗教推崇谦卑，只要帮助弱者，帮助穷人，耐心等待，不要贪婪，这样你的需求就会被满足，问题也会被解决。

你的文化背景是不是也是这样教育你的？让人惊讶的是，很多类似的背景（家庭、文化、学校、宗教等）会给你矛盾的建议，他们积极地鼓励你说出自己的心声。比如“如果你不说，别人怎么知道呢？”“你不问怎么知道？”“现在不说就永远别说了。”

当你阻止自己提出请求时，问一问自己：“是什么使我变成现在这样？现在我能否找到别的能帮助我满足需求，为我服务的观念？”

很多宗教鼓励索求

关于信念和宗教的书籍常常鼓励提问。佛教禅意的一大要素就是提问的艺术和对真理的探索。伊斯兰教教导我们：“我们要毫不犹豫地向真主提问，一次又一次……因为这是最接近真主的方式。”

犹太教鼓励年轻人向老人学习和请教。比如，在逾越节（Passover Holiday）晚宴上，孩子要提出4个问题才能引出全家人朗诵《哈加达》[1]（*The Haggadah*）中出埃及的故事。在新约全书中，有好几个章节讲述了索求才能得到。其中有一条的首字母缩写正好是英文“ASK”：Ask Seek Knock 祈求 寻找叩门。“你们祈求，就给你们。寻找，就寻见。叩门，就给你们开门。因为凡祈求的，就得着。寻找的，就寻见。叩门的，就给他开门。”

① 犹太教用来传述逾越节故事的书。——译者注

摆脱障碍

小时候或者青年时期为了保护你的安全设立的观念和行为准则会成为现在你提出合理索求的阻碍和屏障。这些自我约束的信念对于你现在的生活可能并不适用。当你的信仰无法再为你服务，你或许正在无意识地遭受自我摧残或者阻止自己索求心之所想。

> 我的内心有个破坏分子在说这样做不值得。
>
> 除非着手处理，否则这些自我约束的观念和行为会继续膨胀最终变成现实。你还是有选择的。你可以等待这些障碍随着年龄自动消失或者用一些突破性的方法加速这个过程。就好像作家的阻碍一样，索求的阻碍会让你陷在没有选择的深渊里，或者只有坏的选择。

意识到阻碍的存在并不代表能消除阻碍

你一定听别人说过：“我一向没有索求障碍。”知道别人能成功地做到索求可能会让你感到愤怒和懈怠。意识到障碍的存在并不能消除障碍。以下这些想法也是一样：

强烈地感觉到自己做事没有逻辑；
告诫自己聪明的人不应该自己阻碍自己成功；
把自己与别人比较；
觉得“这件事可能会变得更糟糕”。

自责并没有什么用。

很抱歉，自责没有用。聪明的人会通过学习和收集更多信息来解决自己的索求障碍问题。更有甚者会给自己施压，告诉自己必须知道该如何索求或者怎样表现。如果别人花钱请你解决问题或做决定，你可以问问自己：“我连自己的问题都解决不好，又该如何解决他们的问题呢？”量子飞跃培训机构（Quantum Leap University）的创始人雪莉·巴芬顿（Sherry Buffington）表示，你会越来越沮丧，然而这些阻碍依然存在甚至变得更强大：

> 这些让你自我约束的观念都是有目的的。你只有知道目的是什么，才能找到更健全的方式达到它们，不然无论你怎么做都没有用。不管你的渴望有多强烈，行为有多英勇，只要你的渴望与潜意识里的自我约束相违背，这种自我约束的观念就无法消除。

只有下定决心做出改变，愿意承受短时期内因消除或控制阻碍而产生的不适，才能获得长效的收益。你可以运用 ASK 三部曲来帮助你面对恐惧或无所作为。

搞清状况：

_____ 让我感到有压力。

我正苦于 _____________。

确认语意：

我有哪些选择？

最坏的结果是什么？

我究竟为什么会约束自己？

想好对策：

根据我所了解的信息，现在最该做什么？

索求大师会怎么做？

如果知道不会失败，我会提出什么大胆的请求？

对过去的恐惧

在索求这件事上犹豫不决可能是因为过去的糟糕经历。一直沉浸在过去的失误上，而忽略了眼前这个全新的挑战。你想要尽可能逃避面对相同的事情。的确，任何心智健全的人都不想在同一个地方跌倒。

你可以选择活在过去，或者让它过去。

在过去撕碎你之前，先跟它和平相处。

战胜过去

停止不断回顾过去犯的错。你并不完美，但这是件好事，因为完美的人都很无趣。记住：

你的确有过不好的经历，但也有很多高兴的经历。

大部分的错误都是可以纠正的。你已经成功地渡过最近几次的糟糕经历。

你从过去的经历中学到了很多。如果犯了错，即使不知道下一步该怎么走，但你知道现在该做什么。

如果过去你犯了错或者别人没有同意你的请求，那就让它过去吧。今天是崭新的一天，现在你身边的人不知道你 5 年前犯了错。为现在提出最好的请求吧！如果有需要，你可以适当调整自己。

弗洛生长在一个不健全的家庭里。她的父亲离开了，母亲有情绪问题。12 岁时，她就要做饭，买生活用品，持家，照顾弟弟妹妹。虽然生活很混乱，但她学习成绩优异，获得了奖学金并且成为了一名主管。一次弗洛发现自己在找员工谈纪律问题时犹豫了，她问自己："为什么我会犹豫不决？虽然这样的谈话并不愉快，但我已经是一个成人了。作为经理，我有必要让我的员工知道自己的行为对整个团队会产生多么负面的影响。他可能会因为我的评价感到不高兴，但他需要在事情变得更糟甚至影响到他的事业之前处理好自己的行为。"

适时地倒一倒脑子里的垃圾。

突破的证据

你有没有发现，有些过去的观念现在已经摒弃了？如果有，这些突破就是你战胜自我约束观念和行为准则的证据。

> “如果是 15 年前年轻的时候，我承认，我害怕自己看起来很蠢或者表现得难堪。但现在我 35 岁了，我不再担心这件事。很高兴已经不再年轻了，现在我更有智慧而且知道如果我希望有所改变，我的请求往往是合理的。”

索求指导指南

领导、导师和教练知道想要有好的表现，单单靠正确的训练和合适的工具是不行的。需要加强解决问题的能力并且知道如何屏蔽头脑中让人分心的障碍。与你的训练或指导对象讨论障碍问题。www.AskOutrageously.com 网站里可以找到帮助大家处理障碍的方法。

本章回顾

索求的阻碍会让你掉进没有选择的深渊里，如同作家掉进写不出文章的深渊里一样。找到自己的阻碍，研究这些观点和行为准则是如何约束你的。

当要提出请求时，感到紧张或害怕是很正常的。它们会让你高度关注自己的表现。好好利用它们，让它们成为你的武器。

当你不知道该如何面对一场棘手的谈话时，试着运用ASK三部曲。

索求大师会将想知道所有答案的压力内化于心。不要让阻碍阻止你提出请求。

在提出请求时，克制自己不要去想过去请求被拒绝的经历。相反，集中注意力在此时此刻，在你面前的挑战上。

养成一个好习惯需要练习。在一些安全的地方，比如杂货店，二手市场，跳蚤市场和餐馆练习提出请求。让索求成为一种习惯。

问一问自己

有哪些观念我曾经深信不疑但现在却已经摒弃了？

当觉得紧张的时候，我该如何运用这股力量帮助自己集中注意力？

我怎样才能更清楚现在的情况？

提出哪些问题能帮助我获得更多信息？

我该如何提醒自己把注意力放在下一个请求上？

索求能力大冲刺

扔掉你的阻碍，倾倒脑子里的垃圾。这句话就是字面意思。拿一张白纸，写下所有的阻碍。告诉自己："这些都是垃圾，这些观点或行为准则可能曾经帮助过我，但现在我不需要了。"

然后，把纸揉成一个球，把这些过时的观念扔进垃圾桶里。每当你在提出请求这件事上犹豫不决时，记住这个方法。

获得成功的秘密武器

解决请求障碍并提出更有效的请求，最好的办法就是请求帮助。你可以在 www.AskOutrageously.com 网站上下载“发现你的请求障碍”(Spot Your Asking Block)和“击败你的请求障碍”(Knock Your Asking Block)练习，工具和资源页面还有一些相关介绍供你参考。

为自己索求前，先把对方想要的给他

也许你很擅长替别人索求，而不是替自己。“大胆提出请求”研究中，三分之二的受访者表示，相对于为自己索求，替别人提出请求时他们觉得更自在，比如替客人、某个案子、自己的孩子或在乎的人（见表7）。这并不奇怪。为依赖自己的人索求时，人们往往更有勇气而且不害怕尴尬。

也许因为受到家庭、学校、社会或者工作环境的影响，你习惯性地先为别人考虑。你认为索取自己想要的或索取的多于“付出”的是自私的，是一种性格缺陷。

在崇尚敏感、尊老爱幼、举止儒雅的文化中，人们让自己学会了妥协、将就、退而求其次和不制造麻烦。

当为他人提出请求时，你依然要面对被拒绝的风险，但是却觉得这件事没那么难。一些受访者分享了自己的看法。

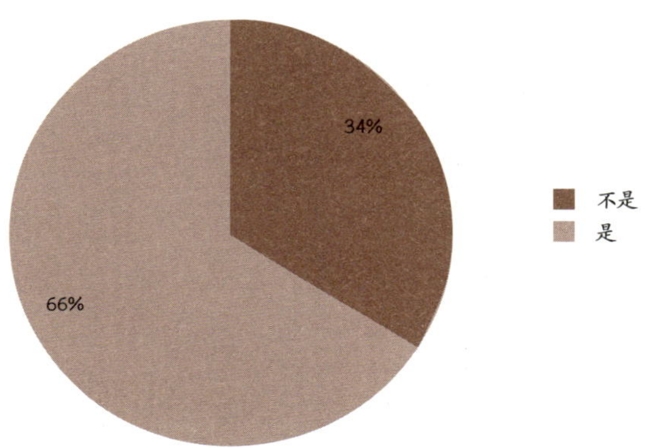

表7 替别人索求让我觉得更自在，比如客人、案子、小孩或在乎的人……

支持他人比谈论自己要简单得多。

这样的风险会更低，因为这是为别人做的事。

只要我自己不能从中获利，提出请求也没有什么大不了的。

帮助弱者更容易。

这么做没有那么私人化，而且被拒绝了也不会很失望。

替别人索求不会有自私感。我向来不敢大胆提出自己的请求，因为我觉得自己不够格。

仔细观察这些评论，他们更关注的是提出请求者的感受和观点，而非被请求者。剩下三分之一的人中，大多数表示无论自己是不是受益对象，都不畏惧提出请求，他们认为谁受益，谁就该提出请求。

如果一个人有能力，就应该自己提请求。

他们应该自己去索求，他们比我更了解情况。

如果学校举办筹款活动，那么孩子们就应该让我买东西，而不是什么都不做。他们才是真正的受益者。

不要问国家能为你做什么，
要问你能为国家做什么。——肯尼迪

利己主义 VS 自私

很多人思想上存在误区。为自己的利益索求并不代表自私或者试图欺骗别人。你只是想要尽可能地为自己谋求利益。不幸的是，人们普遍认为为自己谋利是错误的。

别人会觉得我很贪心。

我不愿索求是因为我怕别人觉得我在占他们便宜。

在交易中，你也能发现人们的顾虑和勉强。他们不想表现得贪心、惹人厌或者看起来掌控欲太强。他们觉得自己不应该得到更多，所以他们不告诉别人自己想要什么。

为别人考虑的请求

解决不愿为自己提出请求的办法之一：知道自己的请求能给别人带来什么好处。

在课堂上提问题，你在帮助班里同学巩固错过的知识点。

在董事会上提问，你得到的回答也能帮助其他与会者做决定。

如果你请求加薪或者奖金，你能让家里人有更多的钱买东西或旅游。

你可以用同样的激情与动力提出为别人考虑的请求，同时也在这个请求中满足自己的需求。再一次，三分之二的受访者表示，他们觉得替别人的利益谋划比为自己更自在。人们愿意为孩子、挚爱或者非常重视的案子做出英勇的行为。他们能不假思索地替别人大胆地提出请求。

个人请求

当请求涉及自己在乎的人或者关注的案子时，很多人会变得斗志昂扬，无所畏惧。如果请求对案子的帮助比对他们自己或者公司更多时，他们会毫不犹豫地提出请求。

帕特很擅长做生意而且是一个索求大师。她自愿报名，当上了孩子所在小学的家庭教师协会狂欢节负责人。5 年来，每年的狂欢节她都会召集募捐然后用募捐的钱买许多小礼物。她天生就是干这个的，从不畏惧索求。这一次她看中了一些促销玩具、游戏和涂色书。她向店主提出再给她一些优惠："您好，我是帕特，达特博斯小学家庭教师协会狂欢节负责人。我看到您有很多 1 美金的涂色书。这些东西也占了您不少位置，可以 5 美分一本卖给我吗？我全部都要。"

帕特也会听到类似的回复："不，它们已经是最低价了。""10美分或者50美分怎么样？"但大多数时候，她得到的回复都是"好呀，我帮你搬上车，你的车在哪？"

歌莉娅是他们社区一个非营利组织的成员。他们每天晚上要在社区的一栋大楼里开会。最近，管理员发现这栋大楼存在安全隐患。歌莉娅联系了社区里一个有好几处房产的承包人，她问他是否正好认识有合适大楼的人。承包人提供了几个有合适房产的人并推荐了其中一两位给歌莉娅。他还表示自己对歌莉娅的组织很感兴趣，于是歌莉娅向他进一步介绍了自己的组织。谈话结束后，承包人建议歌莉娅联系非营利居委会，问他们愿不愿意签订一个长期合同。如果他们愿意，承包人将会买一栋楼供组织开会用，但必须签订至少5年的租约。不用说，歌莉娅自己也对承包人的回应和帮助感到十分惊讶。

格里塔希望能帮助最近亚洲的自然灾害受灾群众，但由于资金问题，她只能捐500美金。于是她询问了身边的同事，发现也有一些人想要捐款。一个组员告诉她，人力资源部将以公司的名义捐款。就在一个晚上的时间，因为格里塔的请求，500美金变成了3000美金。

你的请求可能会呈指数上升。你可以在GoFundMe和Benevolent之类的众筹平台请求大家参与，将请求对象从身边认识的人扩展到陌生人。你可以利用这些平台来汇聚所有想要帮忙的人。大胆一点，去请求别人的帮助。

本地式请求

社区能为练习请求提供很多机会。你可以在社区里请求他人捐赠时间、才能或物资。作为回报，这些捐赠者能更了解自己的资助对象，同时他们的贡献也被合理地利用，产生了最大的效益。在社区寻求帮助的方法有：

问他们是否愿意参与社区服务项目，如提高社区活跃度或者是成为食物银行[①]的志愿者。

问他们是否想要参加清扫活动或者为普及某种疾病知识而展开的游街行动。

问附近商家是否想要合作，加入你们的社区义卖活动。

问一些小买卖主是否愿意给你们一些优惠券作为活动礼品，或者捐赠一些小物件作为无声拍卖的商品。

问附近的商户是否愿意免费帮你们运送募捐物资，这么做的同时也能提高他们自己的知名度。

问一些政府官员是否愿意来你们的社区参观，政府官员的到访能带来关注度并且让行动更顺利。

阿蒂是当地急诊诊所市场及发展部主管，他正在社区里寻找赞助伙伴。他询问当地一所高中的啦啦队愿不愿意在诊所的开张仪式上表演，

① 为流浪汉、穷人提供食物的慈善机构。——译者注

他们同意了。在开业时啦啦队带来了一场特殊的助兴表演，并且在社交媒体上为这家新诊所做了宣传。作为回报，阿蒂给啦啦队提供了一大笔捐款，作为他们参加今年以对抗乳腺癌为主题的粉T恤大赛的经费。

非营利请求

请求是基金会和非营利组织的生存命脉。如果你不销售或者不提供服务，该怎么筹集金钱呢？慈善机构每天都要面对这个问题。除了个人捐款、企业捐款和政府补助外，还有其他一些筹集资金并能让捐赠者获益的方法：

计划性赠予，财产规划的一部分。包括遗产，慈善捐赠年金，信托金，人寿保险单或不动产。

员工或退休人员配捐计划。

股票捐赠。

非现金捐赠。比如电脑，设备，家具。

将捐赠者的姓名写在建筑，园林，公共区域地砖上。

建立对等基金。

校友捐赠。如金钱，时间，指导或土地。

心房纤颤对抗小组（StopAfib.org）及美国女性健康基金会的创始人梅兰基·特鲁·希尔斯（Mellanie True Hills）提供了以下建议：

申请补助时，尽可能多地向对方索求，这样能了解申请进程及对方机构对待此事的态度。但要理解他们也许不能给予太多，尤其是那些高度制度化的机构。如果你知道有人有过类似的申请经验，请求他们的帮助来提升自己的成功概率。

“胜誉”（Wintegrity）

考虑请求的共同受益者。人们想参与那些单靠一己之力无法完成的事，那些让自己看起来伟大的事。他们希望能做些事让自己感到骄傲并且对世界产生正面的影响。如果所有参与者都能“胜利”（Win）并且在参与时带着满满的荣誉感和正义感（Integrity），这就是“胜誉”。

从雇员和老板到客户和青少年，“胜誉”对所有人都有效。当人们与他们信任的人一同帮助创造或者建立一个他们认为是“正确”的解决方法时，这个解决方法早已超过了它本身的含义，而变得好像更有影响力，更宏伟。当企业和机构的运作能对社区或世界产生正面影响时，他们运用的正是“胜誉”。

> 一条心，一起拼。
>
> ——惠普的员工价值主张

很多企业发现，他们在社区中投入得越多，顾客和员工也会对他们投入得越多。星巴克、悦木之源和全食超市都是典型案例。它们通过请求顾客支付更多金额来帮助有需要的人。他们能因此获利，同时又吸引和稳定了员工。

蒂姆和他的妻子爱丽丝一同创办了优秀商业基金会（Business of Good Foundation）。这是一个帮助创业者相互分享商业经验的非营利组织。蒂姆邀请了从商界到慈善界一些不同性质的机构和企业向他们投入基金并提供帮助。作为回报，商业人士能从非营利组织中学会如何提高自己的社会影响力。

优秀商业基金会的主要负责人蒂姆·麦肯锡（Tim McCarthy）表示："请求成为了一种良性循环。我们的餐馆生意能够持续正是靠社区对我们的眷顾，而我们也同样竭尽全力为社区做贡献，这样生意才能有机会发展和壮大。"

请求行善

你可能知道随手行善，就是匿名为陌生人做好事。他们为身后排队买咖啡的人买单，给有需要的陌生人送花，或者在收费器里多放钱帮助那些没买票的人。这些善良的人有意识地用一种出人意料的方式让别人快乐。

请求行善与之相类似。然而相对于匿名，你是有意地让对方知道。你可能正在请求行善但没有注意到这么做的影响力。当你提出请求时，你为请求对象创造了额外的收益，他们获得了决定你该如何帮助他们的权力。

你有没有注意到自己的影响力？

《从混乱到控制：癌症照料者的生存指南》（*From Chaos to Control: A Survival Guide for the Cancer Caregiver*）的作者贝蒂·嘉瑞特（Betty Garrett）表示，当你或者你挚爱的人生病时，大家希望帮助你但却不知道你需要什么。她建议在别人提出帮助你的请求时，给他们列一个清单。“大家想要帮助你，但他们不知道能问些什么。”贝蒂关于提供帮助的方法列表在 www.AskOutrageously.com 网站的参考资料部分可以找到。

练习请求行善

请求改善了我们的生活。每次你请求行善，而对方接受了你的好意时，都是对这句话的最好印证。你的成功证明了你拥有用一个简单的请求让世界变得更美好的能力。更重要的是，你会对自己拥有帮助他人的能力心存感激。

询问在排队买票的人是否需要你多出来的座位，无需他们付钱。

询问出行的军人是否可以为他们买零食、餐饭、饮料、耳机，或者将自己的升级座位换给他们。

询问个子不高或者坐轮椅的人是否需要帮他们开门或者拿高处的物件。

询问一位老师班级里是否有需要帮助的地方，或者询问孩子需不需要 box tops[①]。

---

① 食品和日用品包装上常有的图案，可剪下交给学校，学校将收集的 box tops 交给对应公司换取钱款，供学校发展使用。

询问一个人住的邻居是否愿意跟你一起加入某个机构，一起看电影或者去教堂。

询问在工作的家长是否需要你顺便从商店买点什么或在他们需要外出时帮忙照看孩子。

询问受伤或生病的人是否需要帮忙修剪草坪或者买晚餐。

邦尼在做一个社会服务机构的主任期间，她决定问一问客户最想要的帮助是什么。不像一般社会慈善那样由志愿者挑选玩具给客户，她创造了一种客户购物体验模式。客户根据积分制度，可以有尊严地自行购物。由志愿者询问客户需要怎样的服务。邦尼说："传统的慈善并没有意义。我们给每个女孩娃娃，给男孩球。客户知道自己家庭成员的需求。他们知道谁最需要礼物，什么是最合适的。我们要做的就是问他们需要什么。"

接受别人的好意。如果别人接受你的帮助时你感到快乐或者也有一种感激之情，那么，别人在帮助你的时候是不是也会有同样的感受呢？是的，他们也会有同样的感受。当你拒绝请求别人的帮助时，你也剥夺了他们享受快乐的权利。提出行善是一种善良的举动，而请求别人帮助和接受别人的帮助同样也是一种善举。

索求指导指南

让你的训练或指导对象选择一个能帮助非营利组织的团队活动，让他们招募其他人加入策划团队，让他们自己管理及运营这个团队并且提出请求。结束后，请他们谈谈此次经历与在工作上提出请求有什么联系。

本章回顾

赢得“胜誉”表示你提出的解决办法能让所有参与者都受益，并且相互信任，坦诚相待。以“胜誉”为基础的解决办法能促进良好关系的发展并且有长远的影响，因为各方都不太会违背自己的约定。

大部分人（研究显示为三分之二左右）替别人提出请求比替自己请求更自在。抓住这一心理，思考自己的请求能让哪些人受益，比如：

如果我请求加薪，我的家人就有更多钱花。

如果我在课上提问，班上所有人都能更好地理解这个知识点。

如果我为当地的筹款活动发起筹款，那么整个社区都能受益。

如果我向一个机构寻求财政资助，那么这笔钱就能用于医学研究，帮助癌症患者获得更好的治疗。

问一问自己

我的所作所为是出于“胜誉”还是在迎合别人？

我该怎么告诉别人我想要帮助他们或者给他们提供服务？

我有没有做到随意地“请求行善或提供服务”？

如果我的下一个请求成功了，还有谁能受益？

索求能力大冲刺

询问出行的军人是否可以为他们买餐饭或者将自己的升级座位换给他们。

问一个生病的同事是否需要你帮他完成工作。

进门时为身后的人撑着门。

替自己提一个也能让别人受益的大胆请求。

获得成功的秘密武器

下载嘉瑞特《从混乱到控制：癌症照料者的生存指南》中的“共同分担：你能提供帮助的有效途径”章节。在 www.AskOutrageously.com 观看新加坡管理大学的“世界需要你大胆地提出请求”TEDx 演讲视频。

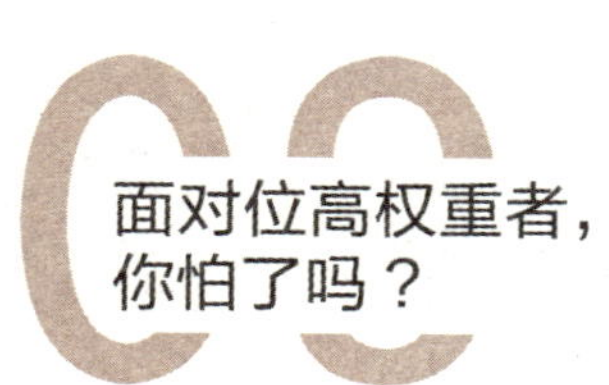

面对位高权重者，你怕了吗？

有可能的话，向能做决策的人提出请求。有些人觉得向位高权重者提请求让人没有安全感。财富多少，教育程度，年龄或者性别差异会让请求者感到担忧。他们相信自己的教育程度、经历或教养并不适合与这些掌权者交涉。你在向位高权重者提请求时有没有觉得心惊胆战？如果有，你并不是一个人。好几位受访者也有相似的感觉：

我害怕对方的反应。

可能我得到的不是一个有保障的喜人的好结果，而是更多的工作。

如果我索求了，对方或许会希望我能有所回报。

我要找的人太让人害怕了，一想到要向他提请求我就浑身不舒服。

经历和教育程度上的差异很容易让人望而

却步。比如，作为权威人士的教授和老师，常常让很多人害怕。研究中，28% 的受访者表示他们永远也不会跟教授讨论自己的成绩或者请求加分。为什么你不愿意跟老师谈论成绩呢？他最清楚你为什么没有得到自己心目中的理想分数。你可以通过寻求他的帮助从而更好地理解某个概念，或者弄清楚某一问题，下次就可以改正。而且，老师也是人，他们也会犯错。新闻系教授洛丽·艾伦（Lorri Allen）表示：

> 作为一个老师兼导师，我很不理解为什么每学期只有一两个学生会来我的办公室。当学生向我寻求帮助时，他们获得了很多额外的一对一指导。而且，如果学生来找我，我才能明白他们的问题，这样也能帮助我成为一个更好的老师。我很高兴他们愿意不怕麻烦，来找我帮忙。那些请求帮助的学生往往都取得了比之前更好的成绩。

在教育问题上，家长和监护人往往不知道该如何问老师孩子的成绩或寻求老师的建议。当孩子的表现比预期的糟糕时，家长或监护人向老师咨询的往往是：

我发现孩子的成绩最近有些下滑。她有没有来找您帮忙？

关于孩子在家里学习，您有没有什么好的建议？

您有没有注意到一些不正常的行为？

得克萨斯州麦金尼一所高中的管弦乐老师麦克·林肯（Mike

Link）建议家长应该这样问：“我的孩子有没有竭尽所能做得更好或者试图得到更好的结果？”

大部分权威人士知道你的经历与他们不一样。没有必要去假装表现得了不起，或者试图融入。最重要的是，当你请求得到更多信息时，你展现了自己对学习和提升自身能力的渴望。

请求见经理

我想见负责人可以吗？

你的经理在吗？

让某些掌权者知道你在他们的管辖区里发现了问题（比如，停车场的灯不亮了），询问经理相应的服务能否改善。

另外，你也可以请求见一个管理者，告诉他们某个员工表现得很出色。他们一定会感到惊讶。

“他们”

无论他们身处什么职位，有怎样的头衔，不要把他们想得太遥不可及。重要人物没有时间做无意义的事。不要担心你的表现或者他们是否喜欢你。当决策者把他们最宝贵的商品——时间用在你身上时，证明你有他们想要的东西。

学会寻找和识别有权力的人。找那些有能力同意你的请求的人。观察这些决策者的反应，他们往往会仔细思考你的请求。他们是解决问题的人，在别人陷入僵局中时他们会出手解围。仔细观察你会发现，除非被施压，大部分掌权者并不会觉得被冒犯。如果他们拒绝了你，他们会提供一个其他的解决方案或者希望通过拒绝的原因教育你该如何行事。

确认权威

你不会想要通过询问对方有没有能力做决定来冒犯他。常常，你的选择对象在请求过程中能起到重要作用并且能够把你的请求传达给那些能做决定的人。用一些问题来确定谁有权力同意你的请求。

“除了您自己之外，还有谁会参与到回应我的请求这件事中呢？”

“他们一般喜欢怎样接收信息？”

“您能告诉我你们做决定的流程吗？”

如果你能确定请求被同意需要涉及的所有人，你就能提出更好的问题，提供更好的信息给每一个参与者。

注意中间人是如何向决策者传达信息的。那些有权力的人可能会想要视觉资料，想知道请求的重点或一些细化的文件来帮助他做决定。如果无法直接见到决策者，你就需要用他们所需的信息武装好你的中间人，通过他们来有效地呈现请求。只有送信人准备充分，信息才会更准确地传达到位。

与决策者打交道

决策者不介意你提问，特别是他们给出的回答对解决此事有帮助的问题。当你提出问题，他们觉得你尊重了他们最宝贵的资本——时间。另外，如果他们向你提出问题或者回答了你的问题，证明你有他们想要的东西。

有没有听说过“好奇害死猫”这句谚语？这是因为猫没有事先提问。权威人士鼓励好奇心。当你在与决策者打交道时，自信地提出问题。

今天您希望我能帮您做些什么？

您觉得这件事的问题究竟出在哪里？

您的团队觉得这件事的原因是什么？

这个问题有多严重？（耗费多少时间，精力和资源？）

每周您在处理这件事上花费了多少精力？

如果您什么也不做会有什么后果？

到目前为止，您试过的最有用的方法是什么？

哪些方法不起作用？

可否描述一下您觉得最完美的解决方案？

您怎么知道问题被解决了？

觉得问题太直白？或许是的，但是决策者想要明确并且直击要害的对话。大多数决策者的时间有限，能集中注意力在某一件事上的时间很短。在提出请求时，尽量为他们提供重点，执行概要和你希望得到的结果。保持对话简洁，精确对话范围。

> 我们给领导提供请求的最主要要素：涉及者是谁？需要什么？什么时候需要和预期会遇到的问题。这是一种专门跟高管交流的技巧。我们称为“高管体”。

那又怎样？

常常有权者会这样回应：“那又怎样？”言下之意是：“说重点。告诉我为什么这件事很重要。告诉我你的请求为什么需要我花时间去考虑。”

对特百惠 & 纽曼氏（Tupperware&Nutrimetics）澳大利亚及新西兰区的主席黛西·真罗（Daisy Chin-Lor）来说，你提出的问题和得到的回复就是证明你在乎并且投入于这件事的最直观表现。作为一个世界级的高管，黛西曾在 7 个国家生活，负责财富 100 强的企业的直销、奢侈品零售和美容产品经营。她说：“为了证明一件事、一个商业提案或者更新一个项目，我常常要分析大量的信息和数据。员工很多时间都花在了准备数据、确认数据真实性和准备向我汇报的演讲上。我很欣赏他们做的所有准备工作，但我常常会问……所以，那又怎么样呢？”她表示得到的回复往往是对方的一脸茫然。“我的目的是表现得更挑衅，让对话进入更深的层面，而不仅仅局限在一些图表、数据和幻灯片上。这个问题适用于大部分文化，它能鼓励双方进行真正有意义的对话，让参与者对项目更有激情（也可能没有）。那又怎样？如果你不知道怎么回答，证明你真的不在意，对吗？”

决策者想知道他同意你的请求对公司能有什么好处。

光说不做者没有实权

你有没有遇到某些人既不拒绝也不同意？这些人往往表现得友善并且向你索要更多的信息，然而这么做往往是想要误导你。他们是光说不做派。这些浪费时间的人很可能会同意帮助你，在你需要他的那几个星期里，他们却异常地忙碌。他们给你一些根本无法具体化的承诺。如果你是销售或者处于直接接触客户的职位，他们会让你请他们吃饭或者打高尔夫。他们不时地找你帮忙或者向你要一些信息，但他们从不跟你做交易也不做任何决定。最后你才发现你打交道的是借口大王，而不是决策者。

无权者只有说“不”的能力。

大部分人并不是故意想要利用你，而是没有权力同意你的请求。不管怎样，还是要表现出对他们的尊敬。绕过公认的敲门砖会让你失去进一步交流的机会。同理，不遵循办事流程也会让你失去得到同意的机会。与之类似，如果越过直接上司提出某些请求，会让你的上司抓狂，使请求被重视的概率降到最低。

> 如果被拒绝了，我常常会说：“好像您无法帮助我，请问我可以跟谁谈谈，他有可能帮上忙吗？”

没有权力的人可能会不断跟你索要更多信息，但无法告诉你什么时候会有结果。那些总是要反复确认，无缘无故地推迟或者给你一些难以理解或不符合逻辑的原因的人，往往都不是决策者。等待那个真正能做决策的人才是合理地利用了时间。

没有读心术这一说

索求大师不会让自己的请求处于真空状态，仅靠研究或思考提出请求。他们通过询问别人来验证自己的疑虑。索求大师会通过询问对方来判断什么是重要的，而不是靠猜测。“人们会支持他们帮助参与建设的东西”这句话，也同样适用于请求上。让别人帮助你建立或者参与提出解决方案。以下的问题能帮助你了解决策者想要什么。

如果想要什么就能得到什么，您希望发生什么？

在这件事上，哪些方面对您也有益？

参照过去的请求

聪明人会去寻找别人提过的请求或者做过的事。如果无法自己得到这些信息，他们会请求别人为他们提供。以下是一些请求方法：

您提过几个类似的请求。一般对方会要求您提供什么信息？
处在我这个位置的人一般会跟您提什么请求呢？

问得更深入

请求专家在索求自己想要的东西时有一些共同点。他们的重点不仅仅是更努力地做事，而更多的是提更聪明的请求，问更深入的问题。他们会问一些开放性问题，认真倾听对方的答案然后用后续问题来确认自己的理解有无偏差，比如："你能再多说一些吗？""还有吗？"他们不会假装是读心大师，他们做的只是提问，挖空，然后等对方去填空。

在开始前，您有什么重要的事要告诉我吗？有什么别的事吗？
有什么过去试过可行的方法吗？您能再跟我分享一些吗？

提出问题并且让对方用他们的信息填空。

帮助你解决问题

你不知道对方机构、团队甚至是家庭具体的运作方式。与其自己设想，不如直接将你的担忧告诉对方，请他们帮你解决问题。

我面临的问题之一是缺少能解决您的问题的人和数据。您觉得该如何得到这些人和数据呢？

交流在过去一直是一个问题，尤其是这种安排好日程的交谈。在让各方达成共识上，您有什么高见？

您觉得您的员工会提出什么反对意见？又有什么办法可以解决他们的问题呢？

不要不懂装懂

决策者能分辨出谁在假装或推托。不要假装知道一切，尽自己所能做好准备工作。当面对自己无法回答的问题时，直接说，“我不知道”。问对方这个答案是否是必需的，是否只有得到答案才能继续：

我不知道。这个信息对您做决定很重要吗？

我不知道。我没有遇到过这样的问题。您希望先找到答案还是我们可以先继续？

不要急着找答案，先确认这个信息是否重要。不要浪费时间在寻找与决策无关的答案上。

不要执迷于在正确的时间用正确的方式提出正确的问题。这件事非常困难。你并不是在按着剧本行事，你要做的就是在再次提问前先仔细倾听对方对上个问题的回答。

被聆听让人感到舒适。因为你的认真倾听，大多数人会更尊重你。他们说得越多，你知道的就越多。你了解自己的请求，也知道请求的原因。即使是在回答对方的问题，也请将重点放在他们身上。

机智作答

当轮到你作答时，先准备好回答类似问题的框架：

我想要的是 ________。（描述你最好的方案。）

对我来说最重要的是 ______________________。

我知道的曾经可行的方法是 ______________________。

我们做决定的流程是 ______________________。

如果你觉得可以的话，那么我们下一步是不是应该 ________________。

我觉得我们有必要讨论一下这几个方面，________________________。

我现在可以回答你其中的几个问题，但有几个关于 _________________ 的问题我需要再进一步了解。

你需要帮助

你无法只靠自己。在这个讲究合作的时代，不能说："我不需要请求别人的帮助，我自己就可以搞定。"在这个盛行项目合作制、团队工作、快闪、众筹的世界，多方参与才是王道。人们鼓励和欣赏积极主动的人，而不是自给自足、单打独斗的人。

《"帮助"不是个讨人厌的词》（*Help Is Not a Four-Letter Word*）的作者佩吉·柯林斯（Peggy Collins）提供了以下建议：

> 在必要时请求别人的帮助是非常有用的。对于习惯自给自足或者自己做决定的人来说，将掌控权分给别人在刚开始可能是一件可怕的事。但你要知道，当你与他人一起合作制定了某个计划，你被彻底拒绝的可能性会降到最低。你并不是绝对失去了掌控权，同时，还能收获并肩作战的快感。这才是双赢。

拉杰在一个竞争非常激烈的工作环境里工作，压力很大而且常常面临被解雇的风险。而拉杰最近收到了一些负面反馈，比如“无法按时完成任务”和“必须停止一个人做所有工作”。他不愿意让别人帮忙是因为担心别人做得不对或者出错。他告诉自己：“我知道自己担心做错事或者丢了工作。然而如果在需要合作时我却一直拒绝别人的参与，那么我永远也无法完成任务。为了保证工作符合我的标准，我会请求正确的人的帮助并且制订一个合适的沟通计划。同时，我们要制订一个详细的工作计划，确保时间进度和工作质量。”

请求支持

为了更好地促进请求的影响力，不断提升自身的请求能力，你可以考虑加入一个私人董事会（Peer Advisory Group）。人们建立这些团体来相互支持，相互促进，帮助对方取得更好的成就。团体成员彼此作为对方的个人董事会。有些私人董事会有正式的组织机构，他们服务于不同企业中相似职位的专业人士。比如，为首席执行官服务的伟事达（Vistage）、女性高管论坛（Executive Women’s Forum）、另类董事（The Alternative Board）、女性专业组织（Women’s Professional Organization）和青年总裁协会（YPO）。

其他一些私人董事会没有这么正式，只是根据成员的需求设立。你可能也想建立自己的董事会或智囊团，那么就可以从这群想要发展的伙伴身上学到更敏锐的洞察力，更多的能力技巧，他们能帮助你少走弯路，避开陷阱。他们的责任心，他们给你的反馈和支持都是无价的。

> “我们团队开始实施每周电话汇报会议。会议中每个人要对过去两周的工作进行总结。最基本的议程：A. 你完成了什么，尝试了与哪些人重新取得联系；B. 你需要什么帮助。我们的表述很简洁，但有足够的时间来谈论自己的需求。”

建立你自己的啦啦队，选择那些你信任并且信任你的队友。向你所尊敬的人提出共进早餐、午餐或者下班后小聚，你根本想不到谁会同意。当收到一个有助于改善人际关系的请求时，大部分人都会抓住这个机会。

米歇尔·苏珊和艾莉森想要认识一些其他行业、其他公司相似职位的成功女性。她们请求一些身居要职的职业女性抽出一些时间和精力来相互扶持。这些女性都从事加工行业，所以她们给自己取名为钻石，意为“未加工的钻石”。钻石成员相互参加彼此的演讲会，分享案例，举办聚会并且相互提建议。想知道大家是怎么加入组织，与彼此一同成长的吗？方法就是提出请求。总要有人询问或者邀请别人。

索求指导指南

让你的训练或指导对象跟其他部门或机构的人一起喝杯咖啡或者吃个午饭。让你的员工跟你一起参加某个战略讨论会，如果可以的话，以你的名义参加。请他们在参会前仔细思考自己的目的并观察别人是如何提请求的。结束后，让他们向同事就他们所看到的做一个汇报。

本章回顾

因为感知到教育或经历的差距，或者是教养、财富的不同，人们会害怕提出请求。他们担心向一些有权势的人提出请求后会失去尊严或者造成负面影响。

大胆提出请求并不是让你绕过某人或者越级请求，也不是让你违背正常程序或者让低级职位的人难堪，这样做常常会让你失去成功的机会。

提防那些没有权力的人，他们从不会同意你的请求。这些浪费时间的人往往都表现得很热情，给你提供帮助并且表现出对你或你的服务很感兴趣。他们不能说“不”，但是，他们也说不了“好”。

保持好奇心，你不会读心术。“怎样才是讨论这件事的最佳方式？”或“你希望事情如何发展？”提出这样的问题是很正常的。

问一问自己

是什么阻碍了我提出请求？（你是否对自己的教育水平、经济状况甚至外貌不自信？）

你是否在担心自己的表现或者担心对方是否喜欢你？（别再为这样的事担心了。如果决策者花了自己最宝贵的东西——时间在你身上，证明你有他们想要的。）

谁是一直在浪费我的时间不断给我承诺却没有给我任何实质性内容的人？

索求能力大冲刺

请求见一个商场经理，告诉他们你的购物体验，可以是正面的也可以是负面的。

如果你总是选择答应，那么告诉对方你不能继续做这样的免费劳动力或者你不想参加自己不喜欢的活动。（感觉如何？）

邀请你想进一步认识的领导者或有能力的人一起共进午餐或早餐。考虑定期会面，相互帮助，一同提出更好的请求或做决策。

询问那些曾经帮助别人获得成功的人有何感想。

获得成功的秘密武器

在 www.AskOutrageously.com 网站下载建立智囊团或私人董事会的秘诀。

10 灵活地调整自己的请求策略

你越了解对方，越能更好地沟通。询问他们的生活、背景、工作和兴趣爱好。他们的回答能折射出他们的思维方式、选择方向、处理信息的方法以及对他们来说重要的事。

当向别人提出请求时，仔细考虑哪种交流方式最有效。观察他们是如何作答的。当你找到他们偏爱的交流方式时，就能知道如何修改自己的交流方式了。只有知道对方的倾向，是注重逻辑性还是关联性，是外向的还是内向的，你才能更好地与他们交流，建立良好的人际关系。

单一的请求和交流方式并不适合所有情况。

一种交流方式不能满足所有情况。虽然请求往往涉及相似的事实、数据和组织机构，但涉及的人不同，交流方法也会有区别。

保持好奇心

搞清楚一个人的交流喜好能帮助你更好地交流并且改良自己的请求。注意观察他们的说话方式和性格。交流时，保持一颗好奇心，寻找与对方的最佳交流方式。

你跟谁的关系更好?

闲聊有没有必要?

概括、重点或最低条件有多重要?

他们需要时间思考还是喜欢立即作答?

当我问他们做得怎么样时，我不想听到譬如什么感觉不错之类虚无缥缈的回答，我需要真实的数据和进展情况。

无论对象是谁，知道如何快速地与他们建立友好关系并且无障碍地交流，能大幅度提升请求能力。告诫自己每个人都跟你有些许不同。想一想你的家庭，特别是兄弟姐妹。他们跟你接受了同样的家庭教育，吃同样的食物，在同一个环境中成长，去同一所学校上学。你觉得他们的思维方式或者交流方式跟你的完全一样吗？不一样，就算是同卵双胞胎都会发展成不同的个体，有不同的性格和特长。

DEAL 战略

为了快速评估出请求策略，找到对方喜欢的处理请求的方式，可以尝试 DEAL 战略，他们是否符合以下性格：

Decide 决策型

Engage 吸引型

Accommodate 乐施型

Leverage 权衡型

决策型

决策者往往严肃又高效。他们注重行动并且喜欢做决定。他们有大局意识，希望能快速地进入重点。决策者喜欢有挑战的问题，能让他们考虑各种选择的问题。

避免：不要不断地闲聊一些无意义又琐碎的话题。不要浪费他们的时间。

即刻提出请求然后用简洁的观点支持你的请求。用逻辑而不是感情做事。决策者想要有掌权感，如果你要提一个重量级请求，回顾与决策者打交道的内容。

试一试这些适合决策者的问题：

如果今天你可以做任何事，你想做什么?

你怎么知道自己是成功的?

吸引型

吸引型的人性格外向又喜欢社交。他们幽默风趣又擅长制造气氛，有感染力又希望鼓励和影响别人，在人际交往中也是如此。吸引型的人往往是派对的主角，或者是一群人中最兴奋、最活跃的那位。

避免：无聊的事例和严肃的陈述，与听众毫无交流。

请他们提供创新想法或者能激励别人的点子。这些万人迷最能设计解决方案，最擅长交流。

试一试以下适合万人迷的问题：

有些什么好的点子能活跃现在的气氛？

我们该如何让这些枯燥的材料表述起来生动风趣？

乐施型

乐施者常常是让人感觉舒适的、友善的、讨人喜欢的那个人。他们同意请求的标准是请求是否对大家有益，表达时是否既表现得尊重又考虑周到。

避免：欺骗他们或者无礼地越过他们。不要试图避开他们或者越级提出请求，这样做相当于自毁前程。

问他们觉得怎样的请求能影响别人。这些中介者天生就知道别人的感受或需求。

试一试以下适合乐施者的问题：

现在的改变对大家的态度会有怎样的影响?

怎样才能注意到别人的努力?

权衡型

权衡者善于跟体制和程序打交道，而且热爱学习。他们喜欢那些提供了深思熟虑的解决方案并且有事实案例佐证或者能改良得更好的请求。

避免：希望跳过流程或者不符合制度，十万火急的请求。没有经过认真思考和提供的信息不清楚的请求。

问一个特定的问题然后给他们一些时间去思考你提供的方案。权衡者想要把自己的方案与你的进行比较。问他们这个请求实施起来如何才能达到最大效益。

试一试以下适合权衡者的问题：

怎样才能确保自己获得所有所需信息?

你如何判断项目在向正确的方向实施，可以运用哪些工具?

注释：对于相似的性格有很多不同的称呼。你可以在www.AskOutrageously.com网站上找到将DEAL性格转换成你熟悉的分类方式的图表。

内向者和外向者

内向还是外向也是你需要考虑的因素，尤其是在索求时。

内向型

DEAL 性格中有两种属于内向型：乐施型和权衡型。在“大胆提出请求”研究中，数位受访者表示在提出请求这件事上，内向是一个问题。他们的表述主题大致相同：他们情愿接受已经给予的，也不愿意索求更多。

我是个内向的人，不喜欢打扰别人。这种性格让我很难向别人索要任何东西。

我天生就很内向，很在乎别人对我的看法。我情愿自己不愉快也不想因为向别人索要什么东西而让对方有一丝的不悦。

我很内向并且有请求障碍。如果能不让我向别人索要什么，即使没有得到我想要的我也觉得更自在。

相对内向的人更喜欢私下提请求。他们一般不会在会议上公开发表言论，而是在会前或会后单独找你说出自己的担忧或者寻求你的帮助。好好想想如何在私下得到自己真正想要的。

外向型

DEAL 性格中的另外两种性格属于外向型：决策型和吸引型。外向的人一般不会有请求障碍，但或许会在涉及人物和细节上考虑得不周全。他们喜欢在会议上发言，有时候会谈论一些与主题不相关的问题。

> 除非是无礼的或者非常麻烦的，又或者可能会让某人生气的请求，不然我相信每个人都喜欢帮助别人。我就是这样，所以，我也跟别人提出请求。
>
> 有时候，我就是直接做了，如果不对道歉就行了。

这些大胆的外向者提请求，犹如演员在舞台上表演一般。他们大声地说出自己的想法并且及时地进行修改。得到他们坚定的承诺并不困难，但你要准备好类似的回复：“我现在还没有准备好谈这个问题，我们继续今天讨论的话题。” 因为他们很有可能会在公共场合问一个敏感问题。

比较含蓄的员工（乐施者和权衡者）可能会在和你单独相处的时候问一些重要问题。腾出时间跟他们进行一对一的会面，提前让他们知道你会问“这周取得了哪些成绩？”“下周你希望有怎样的进步？”“工作上你是怎么提高自己的能力的？”“哪些问题我最好不要过问？”之类的问题，定期的会面和固定的问题能让内向者给你带来有用的反馈和建议。

与外向的员工（决策者和万人迷）定期进行一对一会面能帮助他们更好地被听众聆听，那个听众就是你。你可以问他们类似“这周工作上你有什么进展？”“下周你觉得最重要的三件事是什么？”这样的问题。如果他们在非约定时间找你，你可以说：“这件事有多重要？是必须要现在说，还是可以等到约定的会面时间再谈？”定期的会面能帮助外向者变得更深思熟虑，更专注，更能抓住重点。

同时，考虑让外向者和内向者一起合作负责一个项目，让他们一同汇报进展，尤其是一同提出请求，让他们知道彼此的长处然后相互帮助。让内向者在某些领域帮助外向者，比如考虑到某个请求的各个细节或者用一种所有人都能懂的方式交流。让他们一起出席会议，一同演讲，一同与他人结交商业关系。现实中所需的相互依靠和优势互补能让他们更好地发展，这比任何培训或指导都管用。

在领导或者指导职位上提请求时，知道别人的DEAL性格和交流偏好非常重要。不同的请求类型都有利有弊，下面这些例子展示了你能如何帮助不同DEAL性格的人克服阻碍，有效地提出请求。

决策型

多米尼克喜欢做决策并且喜欢自己做所有事。虽然他的销售业绩远远超过别人，但他常因为容易过快地提出合作请求而错过其他更有利的选择。他的上司为他设计了一项全面的培训计划。她给了多米尼克一个指标，并且让他自己决定如何达到这个指标。这一次，他的执行速度变慢了，为了达到培训需求，他在做决定前多问了许多细节，而这一举动大大提高了获得的利润。

吸引型

伊丽斯被邀请出席一个在意大利佛罗伦萨的协会会议，并要在会上发言。当她请求上司准许时，他告诉她公司现在正在限制出差经费，他鼓励她在会议上寻找拓展商机的机会。伊丽斯承诺这次会议是一个在全球范围推广公司的好机会。她研究了与会的潜在合作对象，并且有效地安排了会面和进一步洽谈。

乐施型

亚当是客户服务部的负责人。因为电话量增多，他需要提拔至少三个人才能满足现有需求，并且再应聘相应的人填补岗位空缺。亚当的导师坚信他之前的请求被拒绝是因为亚当太好说话了。她建议他应该更果断。

当亚当再一次提出请求时，他提供了支持文件来证明自己的观点，展示了自己的决定如何能让现有客户和潜在客户增加销售量。他的请求满足了所有涉及对象的需求。

权衡型

利恩的导师告诉她，她因为没有提出做负责人的请求失去了很多重要机会。因为在做决定前需要反复思考忖度，导致她错过了 3 个本可以接手的项目。这种过度的分析让她在工作上停滞不前。于是利恩查看了接下来的项目，仔细思考了自己能负责每一个项目的可能性。在接下来的一次会议中，她第一个提出请求接手其中一个项目。而且她也准备好了第二个项目以防第一个请求被拒绝。在提出请求时，她很好地权衡了自己的能力，并有效地运用了自己对程序的了解。

与不同 DEAL 性格的人打交道

也许你喜欢或者适应某一种特定的交流风格，但工作上往往要面对不同性格的人。尊重各种性格的人能帮助你提高请求被同意的概率。一个好的交流者知道如何与不同风格和特征的人打交道。当提出一个高风险请求时，如果对方的交流风格与自己不同，专业请求者往往能获得比一般人更好的结果。

在年度销售会议上，拉尔斯环顾了这 150 位与会人员，发现很多人并没有在认真听别人的发言。他突然站起来面向发言者："请给我一点时间。你说得很棒。我们之中有些人可能昨晚喝得太多了，没有意识到你说的与不同性格人打交道的重要性。"随后拉尔斯开始点名："波莱特，你说服了我们最大的客户多给我们三个州，并为我们提供他们的医院系统。让我问你一个问题，那个公司喜欢的交流方式跟你的相同还是不同？"波莱特大喊："完全不同。事实上，刚开始我不知道怎么跟她交流，她完全是一个数据控。"拉尔斯感谢了她，继续问："杰瑞，三个月前你在谈我们的租约，最后谈下了一个迄今为止最好的协议。那家机构的做事风格跟你的相似吗？"杰瑞回答："太不一样了。"拉尔斯转身面向所有人。"我也这么觉得。如果你想要在这个公司存活，你就要做些不同的事。现在，如果你们中有人非常满意自己提出的请求和自己的表现，你可以直接离开去休息，我会在前面做记录。"

索求大师欣赏别人身上具有的而自己没有的洞察力、天赋和经历。

你的交流偏好

在“大胆提出请求”研究中，受访者陈述了影响请求的因素。内向是其中一个经常被提及的因素，还有很多人提到：

家庭关系及家庭成分（出生顺序，单亲家庭，与父母的关系）
教养和教育经历（文化，宗教信仰，受教育程度）
工作经历（工作职责，领导角色，导师）
生活经历（健康，婚姻状况，政治背景）

涉及的因素无穷尽，包括性别、年龄、社会地位、种族和宗教等。有很多关于这类主题的书籍。如果你对某一文化了解甚少，那就多提问题确保自己没有出错。也许有些人对你的索求对象或他们的背景文化很熟悉，这些人可以给你出主意，帮助你提出最合适的请求。

如果你在交流上遇到阻碍，着手寻找可能存在的原因吧。也许是家庭教育的不同，也许是抚养方式和家庭关系的差异，又或者是你对某一特定经历或文化不够了解。知道这些原因并且知道它们是怎么形成的，能帮助你调整自己的请求方式，从而更好地提出请求。

性别偏好

在受访者的反馈中，性别是他们最常提到的影响索求方式的因素。这一类反馈都来自女性，大部分是以下内容：

在我的家庭中，女性一直是弱者的形象，不需要工作也没有独立做事的能力。

我觉得社会认为女性就应该对她的所得感恩戴德，即使不是她们想要的或者低于她们期待的。

我觉得女性不应该被灌输在工作上男女有别的思维。工作上女性得到的补偿或者奖励并不是一种馈赠。这些都是靠我们的努力得来的。

然而，研究中，有些女性表示她们从小受到的教育就是要强大，要敢做敢说。她们罗列了这些教育者，既有母亲、阿姨、外婆和主管，也有许多男性楷模，比如兄弟、父亲、丈夫和上司。

我一直与一些强势的女性生活在一起，她们是女性，也是强大的人。

我有三个哥哥。父母告诉我们可以做任何自己想做的事。

我支持女权运动，支持本笃会修女（Benedictine Sisters），她们是大胆提问的模范，她们大胆地要求给予她们生存和生活所需，并在全国建立了自己的医院和学校。

受访的男性并没有就性别对他们提出请求有无利弊发表任何评论。

在性别方面，“大胆提出请求”研究得到的结论与之前关于请求的研究类似。男性和女性受访者在请求上的确有差异(见表8)，但是不显著。对以下两个问题的回答，男女差异很小。

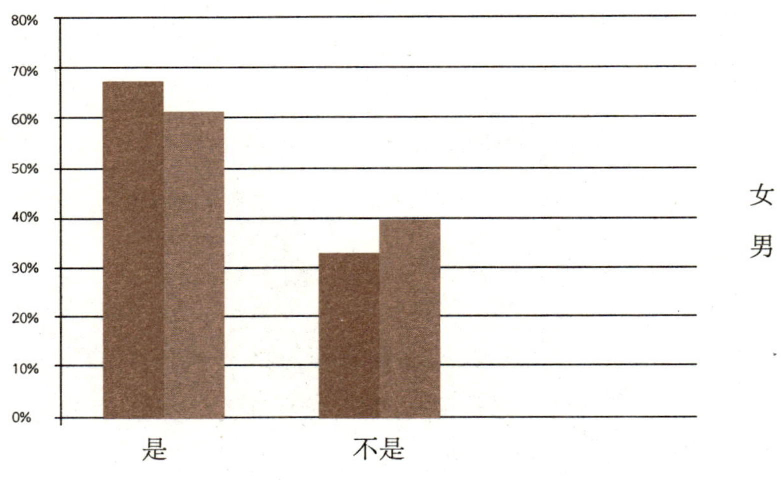

表8　女性VS男性：替别人提请求我觉得更自在

在替别人提出请求这一方面，女性觉得更自在的比例稍微高出6个百分点。然而，无论男性还是女性，他们都觉得替别人提出请求比替自己提更自在。

在第二个问题上，结果有一些差异（见表9）。男性因为自己没有提出某一请求而被别人抢占了先机的情况比女性高了6%。

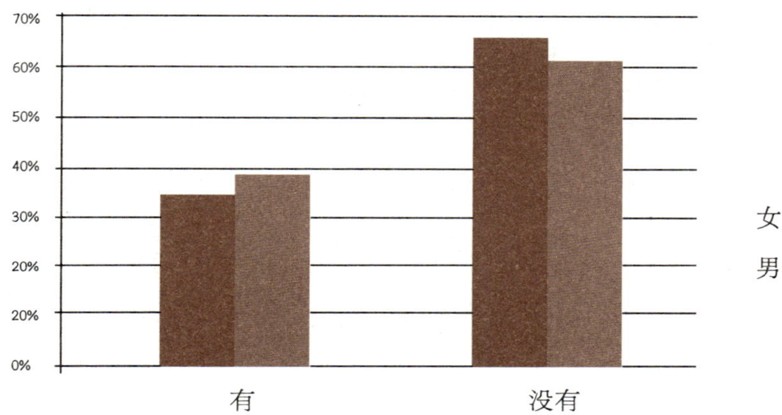

表 9 女性 VS 男性：你有没有因为自己不愿提出请求而被别人抢占了先机？

为什么女性不愿意提出请求

有研究表明了请求和谈判中的性别差异。[①] 在一项男女工商管理学硕士的对比研究中，研究者发现，男性求职者比女性更喜欢在应聘时与对方谈判并且索要更高的薪金。通常，女性的起薪比男性低 8.5%。因为在签合同前女性往往不会要求加薪，这才导致了工资的性别差距。《女人不问》(*Women Don't Ask*)的作者琳达·巴布科克（Linda Babcock）和萨拉·拉谢佛（Sara Laschever）描述了这一现象导致的结果：

① 黛博拉·斯摩，米歇尔·盖尔芬德，琳达·巴布科克，希拉里·盖特曼，《谁该上谈判桌？性别与框架对谈判启蒙的影响》，人格与社会心理学杂志 93:4（2007）600-613。

> 因为在初入职场时没有商谈自己的工资，女性的一生里可能损失了 50 万美金。研究表明，拥有同样资历的男性请求提高工资的人数比女性多了 4 倍。

而一些事例显示，公司为了解决性别鸿沟问题反而制造了更多麻烦。一些机构试图在岗位介绍和薪金范畴上保持性别中立。但是女性不愿提出请求的现象让人事部陷入了窘境。人事会考虑，“我们是否该给女性提供更高的起薪以防止我们被视为性别歧视？还是这一行为本身就是性别歧视？”

男性在鼓励女性提请求上扮演了重要角色。他们会让女性负起责任，鼓励她们为自己出声，并且指导她们取得成就。类似的话包括“你能行的”“如果你不能胜任的话，我也不会把这个项目给你”“没有人比你更有能力处理这件事或者更值得获得它”。

在董事会上，霍华德注意到了苏的行为，她似乎欲言又止，于是霍华德询问苏有什么要紧的事。“怎么了？”霍华德问，“我感觉你想要说什么，却又憋住了。”苏表示自己与这么多有能力的领导坐在一起觉得不自在。霍华德回答：“说出来，问出你想问的。你被选中坐在这里，那么大家就应该聆听你说的。不管你同意还是反对他们，甚至是我，你说的东西都是非常重要的。”

请求的最大诅咒

准备好接受这个可怕的词：谈判！男人和女人都不喜欢“谈判”

这个词。它会让人联想到压迫式销售或者想到誓死抵抗被操控的感觉。

谈判常常给人一种歪曲语意，占便宜，诡计多端和可能失败的感觉，这种感觉让人害怕。你真的觉得自己在谈判最激烈的时候会失去理智或者忘记重要内容吗？你要记住，你非常强大、非常机智而且准备充分。没有人能在精神上逼迫你向某一职位屈服或者用谈判的技巧将你制服。

真实情况：“谈判”这个词威力没有你们想象的那么大。

黛博拉·斯摩（Deborah Small）和她的研究小组在“谁该上谈判桌”（Who Goes to the Bargaining Table）文章中写道，谈判对女性尤为有震慑力。然而，在可以自主选择请求或谈判时，性别差异消失了。换句话说，在这种情况下，女性觉得提出请求比谈判更容易。

谈判的过程可以用“相互影响”“请求”“要求”来代替。当你向别人提出请求（帮助，建议，金钱，表现良好）时，你就是在谈判。而在谈判时，你只是提出了一系列的请求。你通过询问知道对方的需求，他们也以同样的方式得知你的需求。你们以此交换信息，然后一同决定请求是否合理，是否该同意彼此的请求。自始至终，你们都在试图建立或强化一段关系。

观察优秀的谈判者的表现。他们提出问题，仔细聆听答案，然后再提出额外的问题，最后根据他们所得到的信息做出最明智的决定。最棒的谈判者也是最好的索求者。他们无论何时都举止得体，无论是在前线工作人员面前还是在总裁面前，都能泰然自若。而且，他们能随时在任何场所提出请求。

语言障碍

当双方的语言不通时，会发生什么？语言障碍会让简单的对话变得复杂，让复杂的对话变成不可能完成的任务。在交流时你会忽略一些微妙的差异，走不了捷径。即使在同一文化中，相同的短语或表述都可能会有不同的含义，当最基本的语言都成问题时，更复杂的交流，比如提出请求，几乎成了不可能的事。但是，不要放弃。

有些情况下双方会请翻译，但大多情况下都是自己搞定。在与语言不同或口音很重的人打交道时，仔细听，然后重复对方的话。他们会纠正你。建议你们双方通过邮件来细化自己的不同观点，然后可以根据邮件的内容再次讨论，这也是再次阐明请求的机会。而且，面对面交流或者视频通话比电话交流要好，因为你可以接收到视觉提示。

在与墨西哥合伙人开电话会议时，我们遇到了语言障碍。我们用英语提出请求，他们用西班牙语讨论，然后用英语告诉我们结果。他们戏称他们的讨论为“西班牙语时刻”，而我们要在线上等待很久。尽管如此，这么做仍能帮助他们更好地交流，更好地理解我们的问题并且做出更好的回答。

口音和用词

如果你觉得自己的口音、行话或术语对交流产生了阻碍，你可以请求帮助。有很多演说教练、语言治疗师和口音矫正专家专职帮助人们更好地交流，帮助别人理解你和你的请求。

> “我的工作是做商业客户和我们的软件工程师的翻译。不单单是术语和信息的不同，我向双方传达信息的方式也不同。”

保持一颗乐观的好奇心

与拥有不同背景的人打交道。当你鼓励并邀请不同立场的人一同交流时，你能对他们的兴趣爱好、对机会的把握度有更深的了解，并且能帮助自己提高提出更合理的请求的能力。

去他们爱去的地方。

志愿加入他们的队伍。

刻意与不同的人共进午餐。

去以不同文化为背景的盛典或展览。

给不同背景的人提供指导。

不失礼地询问对某事的不同处理方法。

倾听，认真地倾听别人说的话，同时也留意别人不说话时的状态。

萨莉和丈夫布莱恩选择在一个与众不同的社区里抚养自己的孩子。他们很积极地参加犹太教活动，但孩子们的朋友和同学并不是犹太人。于是萨莉举办了一场多信仰的逾越节晚餐，也称为逾越节家宴。她让孩子邀请朋友和朋友的家人一同共享晚宴，无论他们的宗教信仰是什么。“逾越节家宴是一个盛大的晚宴，包含了很多犹太传统。非犹太教的人看见这一仪式会觉得很有趣。”她表示，“长大后，我喜欢和朋友一起装饰圣诞树，这并不只是一种宗教。我们是在分享自己的生活和不同的经历。”

《多样性的优势》（*The Diversity Advantage*）的作者勒诺拉·比林斯·哈里斯（Lenora Billings-Harris）表示：“我们总是根据自己的生活经验看待事情。如果我们愿意了解并理解那些与我们的信念背道而驰的观点，在遇到事情时，我们就不会那么武断地下定论，而是去寻找更多的事实真相。”

不管怎样，愿意学习和提问能帮助你跨越文化鸿沟，让你学会对世事少一些评论。你只知道自己的真相。观察别人成功的做法，保持好奇心并且问一些不失礼的问题。桑德拉·戴·奥康纳（Sandra Day O’Connor），美国最高法院第一位女性大法官，也是一位农场主和母亲，同时也说了这句话：“在这个世界上，单靠自己是做不成任何事的……一切都是人生这块织毯的一部分，只有靠每一根线相互交织，才能形成完整的人生。”

“问定”而非假定

避免依据别人的外表和背景下定论。大多数人都是诚实的，值得信任的，善良的。不难发现，给你最大帮助的人往往跟你有着非常不同的家庭教育和经历。《信任的速度》（*The Speed of Trust*）的作者史蒂芬·柯维（Stephen M.R.Covey）写了这样一句话："我们以目的评判自己，却以举止评判他人。"

索求指导指南

让你的直接下属、指导对象或者你能影响到的人定期跟你见面。当他们发言或者提问时，观察他们的倾向和行为模式。

让你所在团队的每一个人带一份自己家乡的菜肴或食物，来一场百家午宴，确保大家带的食物能体现自己的文化。

本章回顾

想要知道请求时什么有效什么无效，首先要知道对方的请求性格。是决策型（严肃并高效），吸引型（外向又擅长交际），乐施型（善解人意又好说话）还是权衡型（讲制度又喜欢摆事实）？

每个人的交流偏好都能反映自身教养、家庭关系、工作和生活经历。性别、种族、宗教和社会地位也会对人们的请求和回应方式产生影响。

性别是塑造请求方式的最大因素。特别是对女性的偏见，影响了女性提出请求和进行谈判的方式。

虽然差距不大，但在替别人提出请求时，女性比男性觉得更自在。男性稍微比女性更容易放弃提出某一请求，最终却发现被别人抢占了先机。

当进入“谈判”过程时，男性和女性都会变得紧张不安。把谈判想成“相互影响”或“请求”能减少索求时的不安感。

当你帮助不同文化背景的人取得成功时，你自己的成功概率也能有所增加。

当你给自己尝试不同经历并融入各种不同文化的机会时，你能更有效地与他人交流，提出覆盖面更广的请求。

问一问自己

我该怎样将谈判视为“请求”或者“相互影响”？
当我在向某人提出请求时，我的身体语言会让对方有何感想？
我该怎样向不同DEAL性格的人提出同一个请求？

索求能力大冲刺

在你提出请求时，看看自己是否能判断对方的DEAL性格。
运用你的DEAL性格完成一个目标。

了解自己的交流偏好。让自己保持好奇心，试着邀请一个新认识的人共进午餐，拜访其他宗教的庙宇，或者参加一个多文化活动。

获得成功的秘密武器

在www.AskOutrageously网站做“他们的DEAL性格是什么，我的DEAL性格是什么”免费测试。

11 了解请求对象，用他喜欢的方式交流

突然的改变会让人心神不宁。当你发现自己精心准备的计划不起作用时，你该怎么办？当你遭到出人意料的反对时，你怎样重新集中注意力？当你发现自己并没有做好准备或者准备得不充分时，你会怎么做？思考以下情形：

你正准备跟上司谈一件事，突然情况变得对你很不利，甚至会影响你的职位。

你的客户突然给你带来了坏消息，比如他不满意你的交付时间或者他们削减了预算。

你的队友在会议上陈述的观点跟你们讨论的大相径庭，而他却表现得仿佛你跟他是同一战线的一样。

你的发言时间突然被大幅度缩短了。

你不小心破坏了自己都不知道的规矩（比如未经许可或者没有按程序使用了某一设备导致他人没有用上）。你的队友对此感到生气，当你与

他们待在一起时气氛有些尴尬。

为自己争取时间

当接到令人震惊的通知时，你可能没有时间考虑下一个请求或者考虑如何回复。那么，先问一些问题来了解情况，为下一步打好基础。

我不确定该如何回应或表态，如果您在我的位置上，您现在会问些什么？

这个消息我现在才知道，您能跟我讲解一下吗？

这个消息让我很惊讶，我们现在有哪些选择？

聆听对方的回答。如果你需要一些建议帮助你捋清思绪，在压力下保持冷静，请回顾 ASK 三部曲（第 135 页）。

桑迪的客户给她发了一封邮件，内容是这样的，“我刚刚看到你说想要延长合同期。你在开玩笑吗？你们公司根本达不到你们所承诺的服务标准。你们的执行团队难道没有告诉你发生了什么事？”

虽然桑迪很想立即找执行部询问为什么自己最大的客户出了问题却没有人告知自己，但她还是希望先让客户知道她很在意双方建立的关系。桑迪回复邮件时提出了这样一个请求：“我真的很不愿意听到这件事。我正在联系执行部让他们马上解决问题。如果您有相关的电邮或信息可以分享的话，用邮件发给我好吗？今天下午您什么时候有空我们一起谈一谈这件事的进展。”桑迪并没有许下自己实现不了的承诺，因为这么做只会让事情变得更糟糕，她要做的是向执行部了解情况，搞清事实。

当意外发生时，运用你的创造力问问题，然后做出最好的决定。你的计划可能会更改，你可能对这样的改变并不满意，但总是有选择的余地的。

处理预料之外的拒绝是很困难的。如果是因为你没有遵循某人认为非常重要的先例或者政策的话，就更棘手了。质疑体制、争论、乞求或者直接走人都不是好方法。

不同寻常的请求

根据“大胆提出请求”研究，最容易被拒绝的请求原因是请求的内容不适合。最需要做充分准备的请求是索求一些没有先例或不遵循政策的东西。

当你提出一个出人意料的请求时，很可能会受到抵触或者是得到情绪化的回应。虽然你的请求看上去很有逻辑，合情合理又考虑周详，但对别人来说是一个崭新的概念。慢慢来，不要着急，与他们交流，耐心地为他们剖析最基本的元素。他们需要一些时间来思考或者向他们的上级请示。

让你的请求对象知道你明白自己的请求与惯例不同并且没有按照标准程序。

表现出对他们左右为难的理解，让他们知道，你清楚做出这样的改变给他们增加了额外的工作。

给出一些可靠的原因，让对方觉得做出改变是合理的，或者打破惯例也是可以接受的。确保他们感觉到的不同寻常并没有很不同。

询问他们需要哪些材料帮助他们自己思考或交流。如果你的信息要被传达给另一个人，记得提供纸质的描述，帮助你得到支持。没有人希望自己冒着风险提出的重大请求是让人困惑的，或者在传达过程中出了差池。

询问一些能让你知道自己该注意什么、避免什么以及哪些做法是徒劳的问题。如果你感觉到一些阻力，回顾你们的对话或当时的情景，总能找到阻力的来源。人们在说话时能给你关于他们思维方式的线索。大部分人都想知道为什么要做这样的改变或者为什么要改变现状。你的请求可能无法改变他们的思想，但从他们的回复中你能察觉到蛛丝马迹，从而为下一次尝试提供有利的选择。

阿什顿是公司的活动策划主管，当她被告知不能再与一直合作的音像供应商继续合作时，她感到很愤怒。她做了进一步了解，负责此事的同事是这样回答的：“采购部两个月前出了一份音频供应商合作清单，你的供应商不在名单里，难道你没有看邮件吗？”阿什顿克制了自己想要争辩自己是费了多大努力才找到高质量的音像供应商的念头，她问道：“那我们该怎么解决这个问题？这家供应商是最适合我们的活动的，他们对我们之后的会议有很大的帮助。”同事告诉她如果她填了该填的表格，而且这家供应商能够提供最新要求的保险证明的话，那么就可以把该供应商加回名单里。

最让人愤怒的情况之一就是，紧急情况或需要立刻、马上处理一个问题时，却被耽搁或被要求走一堆明知没有用的流程，你是否有过这样的经历？

如果在紧急情况或例外情况下事情进展缓慢，试一试这几个问题：

您建议我怎么做?
如果您处在我的位置上并且需要马上得到回复，您会怎么做?
我能做些什么让这一请求对您来说能变得简单一些?

梅丽莎需要寻找额外的承包商协助她按时完成一个重要的项目。她刚刚得知这个需求，如果按程序将请求提交至网络上的话，那么可能会面临延迟3周的风险。“我明白我们需要遵守规则和程序，特别是在资源索取方面。但是这个棘手的请求会影响到客户服务和受益两方面，我们也是才得知需要额外人手，”她问道，“像这样的紧急情况应该走怎样的程序呢？”

在十万火急时掌控局面

在十万火急或者高压情况下，通过提问来掌控局面。警察、医护人员和消防员会问“你受伤了吗？”“你看见发生什么了吗？”“还有没有人在大楼里？”“你能告诉我些什么？”当你和一个面对强大压力的人交流时，提问能给你提供你所需的信息。回答问题能让人们冷静下来，因为回应能让人们思考，并且让他们将注意力放在对话上。

布鲁克是一名理财规划师，她发现客人来她的办公室时总是很紧张。于是她询问客户是否能让她来主导对话。“米哈，我希望我们大部分时间能一起完成这件事。如果你愿意的话，接下来的一小时我将会问你几个关于财产和养老计划方面的问题，如果我没有得到充分的解释或者对你的回答有不明白的地方，我可以直接打断你吗？”布鲁克的问题让米哈重新集中了注意力。他点点头，看上去松了一口气。

向不情愿的人索要信息

有时候，在还没有仔细研究前，因为不想误导你或者让你失望，人们不愿意给你任何估计或猜测的答案。有时候，你只能根据现有的有限信息做决定。而有些时候，你需要判断问题的严重性或频繁发生的程度。当别人给你模棱两可的回答或者直接拒绝回答你，甚至连一个想法都不愿提供时，你要如何搞清事情的具体内容呢？这种情况下，最好的做法是不去索要信息，只要一个大致范围或者平均状态。

我知道真正的答案需要调查才能知道。根据现有信息，你觉得我们该怎样考虑?

我可以理解现在的处境，一般来说最好和最糟的情况是什么？

你已经在这一行做了 5 年了，出现这种情况的概率有多大？

艾米莉亚想要知道自己的电脑只是小毛病还是出了大问题，但是技术人员拒绝给她一个预估的维修时间。技术人员说："我不知道哪里出了问题，需要检测系统才能搞清楚。"艾米莉亚问："那么检测系统找到问题大概要多久？"她又加上了自己需要知道这一点的原因："我在思考是否需要将会议改期。请问最好的情况和最坏的情况各需多久？"

但丁是一家大型移动电话公司的工程师，也是客户服务部的主管。他需要知道在服务系统上做一次大改动对客户有怎样的影响。他想要预先让客户做好准备并且安排合适的员工随时待命。然而，安装工人不愿意给他任何关于潜在风险的严重程度和持续时间的信息。但丁告诉安装主管："我并不是要你给我一个很具体的回答。我只是想知道大概情况，可能的影响范围和可能持续的时间。之前你安装了 150 台这样的设备，影响时间持续 2 小时及以上的情况有多少次？"

当你不情愿的时候

别人可以问非常直白的问题，你也有权不回答这些问题。回答某些问题可能会泄露机密或者公布一些你不希望别人知道的信息。有时候这些请求听起来更像是要求，甚至是威胁。当你不想分享某些信息时，该如何回答？如果你不想回应，试试反问这些问题：

我对这个信息并不知情。知道它对您有何帮助呢？

您对哪个特定部分或条款有疑问？您可以告诉我您在寻找什么吗？

赞是一家电梯公司的客户经理。她的客人请求她将提案中的每一个报价都细化分解。然而，这样做会泄露公司及行业机密。于是，赞微笑着回答：“我不能告诉您。您知道我不能分解每一个报价，您究竟是需要通过哪一点来判断我们的提案是否合适呢？”

你不必回答，也可以直接跟那些想占便宜的人说“不”。让别人知道你的底线，知道什么时候他们的请求是不合适的。

别人可以询问，但你不需要回答。

唐娜是一家促销礼品公司的老板。她花了好几个小时终于为客户找到了适合他们品牌在年度贸易会上分发的礼品。她请求厂家加快为她下单的速度并且降低价格。然而接下来客户却向她提了一个请求：“唐娜，可以把我们的订单量减半吗？把关于笔的那部分订单直接去掉，只保留艺术品那部分订单。因为我们在网上找到了一家每支笔便宜5美分的厂商。”

唐娜老练地回应了他的请求："不行，我减不了。我的脑力劳动和专业服务的佣金正是靠您在我这儿下订单得到的。我为您争取了一个好价格并且从我信任的厂商那里拿到了优惠。您是愿意在我们公司下全单还是选择换一家新的公司重新开始呢？"

敏感问题

说到界线，有没有人曾对你做的某些决定提出比较私人的问题？这些问题往往以"你为什么 _______ ？"的形式出现。比如，你为什么换工作、回学校上学、请长假、想当父母、文那样的文身、给这个人投票？

你当然可以说："关你什么事。"然而，也有既不回答又维系了这段关系的方式，甚至有时候别人这么做只是想证明自己是"对的"，或者只是想否定你的选择。给一个迅速又态度不明的回应，然后用一个问题将对话方向转移。试一试这么回答：

呀，此事说来话长，要花费我们非常多的时间。你准备好研究这个新课题了吗？

听上去你有了一个对你非常可行的决定，那你准备好着手实施了吗？

我想我应该没有什么你不知道的东西可以分享了。我们可以回到刚才的话题吗？

选择性同意

得克萨斯州州长安·理查德（Ann Richards）有一次在“动力管道”训练的第一堂课上告诉一些年轻的女性管理者们不要随意做公益，并且学会有选择性地与机构保持联系。她建议要跟对方说“不”，除非说“是”以后能让自己更有影响力。她说：“如果你对每个人都说‘好’，那相当于削弱了自己的势力和财力。”给一堆人每人一点点不痛不痒的恩惠，不如给少部分你信任的人大量的资助。用一些钱就能让自己有领导风范并且更有影响力。

亲切诚实的交流是得到自己真正想要的东西的关键。然而，你可以选择什么信息是适合与别人分享的，也可以选择谁是值得你花费时间和资源的。

向固执的人提请求

你有没有过向那些不听别人意见的人提请求的经历？这些人除了自己的观点，任何人的意见都不接受。他们往往是政治候选人的坚定支持者，宗教组织成员或者某一球队的粉丝。他们会仔细听你说话，因为这样才能告诉你你哪里错了，然后说服你承认他们是对的。

在工作上，当你请求这些固执的人改变看法时，他们会说，“我们从不那样做”“不需要去修补没有出问题的地方”“过去我们也曾尝试不同的方法，但没有效果”。这些怀疑主义者兼反对者坚信自己是正确的，任何改变都会导致失败。要么用他们的方法，要么就是走捷径。

当面对这样坚持守旧的人，你该怎么请求他们尝试一些不同的方法呢？你可以问他们是否愿意进一步探索或行动前先考虑某种可能性。

如果有些其他选择能让你得到更好的结果，您愿意去探索这些选择或改良自己的方法吗？

如果我们可以保持同样高水准的服务或者提升它，您愿意考虑其他的操作方法吗？

当他们承诺愿意探索或者考虑后，他们和你就达成了一个协议。之后，如果他们声称“这种方法行不通”或“这不是聪明人干的事”时，提醒他们自己许下的承诺。“等一等，您说愿意考虑其他选择。我们现在没有做任何改变，我们说好了只是探索哪种改良方法最有效。”

如果对方拒绝探索更多的可能性，试着再次确认这一点。“您不愿意探索或考虑更好的方法，是吗？”有些人会同意而有些会反对。如果你发现对方在为自己辩护或者试图掌控局面，那么就请不要再继续问下去了。比如他们会说：“你说什么也改变不了我的想法。我不会改变明明已经可行的方法。”

试图说服那些不愿改变的人是浪费时间。你已经做了你该做的，说“好”然后继续做你的事。如果之后他们问：“那么你的想法是什么？你想谈什么？”你只需要这样回答：“您已经说过您对探索可能的改良方法不感兴趣了，我尊重您的决定。”

问下去或者离去

你怎么判断自己是应该继续跟某人攀谈还是正在浪费时间？首先，判断自己的请求有没有被认真倾听。如果有，继续问下去。如果你只是在浪费时间，那么不妨直接走开，或者跑着离去也行。

问下去

你正在渐入佳境。如果对方有以下表现，请继续提问：

让你解释得到此结论的原因或让你进一步阐述自己的想法。

对方的身体语言表现出他在倾听，在按你的逻辑思考或者在考虑你的请求。

不赞同你但并没有不愉快。

以一种合理又尊敬的态度与你讨论。

教你一些东西或给你提供信息和看法。

不同意但仍在倾听并且参与讨论。

自觉或不自觉地指导你，或者告诉你会涉及的人。

表示想要跟你一起处理这件事，但暂时不知道该怎么做。

当你被拒绝时，不要强行推销自己，先从提问开始。

离去

当交流不起作用并且没有任何进展的时候，就该离开了。如果对方有以下表现，请选择离去：

很明显没有权力或能力同意你的请求，或者连影响请求被接受的能力都没有。

开始表现得令人讨厌、无礼或粗鲁。

非常固执，不愿做出改变或全盘否定了你。

准备离开并跟你说他没有时间处理这件事。

对你说谎。如果你仍然觉得可以与对方继续交涉，一定要谨慎小心。对他的承诺或断言寻找证据或进行外部鉴定。

让你看起来很坏或者做错事。

不断地向你搜罗情报、索求信息，却从不输出。

给你设置障碍，阻碍你达成目的。

说“该休息一下了”或“我们改天再谈”，然后不断找借口。

你明白自我约束和真正风险的区别。如果你觉得自己处在真正的危险中或对方的行为让你提高了警惕，马上说：“时间不早了，抱歉，我该走了。”如果直觉告诉你有危险，不要抱着侥幸心理，请离开。

冷静，沉着，控制自己

“永远不要让别人看见你的焦虑”，这句老话说得很有道理。一旦你变得愤怒、暴躁、不受控制、没有逻辑性，就很容易错失良机，以失败告终。在情况变糟糕前，先深呼吸。如果你需要一些管理情绪的方法，记住 ASK 三部曲（第 135 页）。

一旦情绪上妥协，就很难找到正确的词。无论别人给你怎样的回应，表现得多么令人讨厌，或者直接给你一个大写的“不”，请保持沉着冷静，学会控制自己。你可能也需要帮助他们捋清思路。用以“什么”和“怎样”开头的问题帮助他们或你自己冷静地思考。有时候，在提问前你需要重新组织语言然后做进一步的确认。

对别人感到失望

当你请求帮助时，对方无视或拒绝你的请求是很让人失望的。然而，还有些更让人抓狂的事，比如对方没有遵守诺言或者没有做好自己的本职工作。要知道，你依赖的人可能会让你失望。

会议 8：00 开始，而早上 7：45 分，只有丹尼一个人在会议室。他的组员承诺会提早过来帮忙布置会议室，然而却没有人出现。一个因为女儿病了，另一个睡过头了，还有一个堵在路上。

如果你的请求对象有不遵守承诺或者有说到但不做到的先例，那么你最好准备一个后备计划。按照最坏的情况做准备。信守承诺，维护自己的声誉，完成目标，这些都是你自己分内的事。然后，期待着最好的结果发生，如果成功了，请为自己喝彩。你无法迫使别人完成工作或信守承诺，但能改变自己的请求和回应。

珍妮特的同事保罗不能按时提交一个紧急项目的报告。他说了一堆理由并且告诉珍妮特："要报告先排队。"珍妮特回应："保罗，我和系统设计人员明天下午1点需要你的报告，2点要进行电话会议。在会上，我会汇报我们讨论了每周做报告的重要性。我可以汇报说你承诺每周二提交报告吗？"珍妮特提了请求，也给了保罗一个选择。不管保罗是否同意，珍妮特都可以将她的决定汇报给组里。如果保罗拒绝，团队可以决定下一步该怎么做。如果保罗同意了却没有如期提交报告，那么他会因为食言而让整个团队失望。

因为客户服务表现优异，罗宾最近晋升为部门经理。然而她却无法让员工像她一样热情地为客户服务。他们不理会她的请求，也不完成自己的本职工作。乞求、要求和威胁都不起作用。罗宾是领导而且处在一个有权力的位置，她需要告知员工他们的工作职责并且询问他们是否能承担相应的责任。如果员工不愿意做自己的本职工作，罗宾可以要求他们离开。

有些人可能会说，这只是罗宾个人的问题，不是管理层的普遍问题。通常，当一个员工晋升为曾经同事的领导时，他往往缺少专业的领导能力培训，没有接受专业的咨询建议，也没有应有的沟通技巧。新领导最需要掌握的技能之一就是提要求或请求，得到承诺然后确保请求工作完成。这些新领导在提升绩效管理和纪律把控能力上的需求是很大的。《没有惩罚的纪律》（*Discipline Without Punishment*）的作者迪克·格罗生（Dick Grote）建议：“要有勇气。那些不愿意遵守你的要求的人可能需要去别的地方工作，去一个标准更低，低到让他们在那里能成为成功人士的地方。”

生活和工作充满了意外，并不是所有意外都是愉快的。有些工作上的负面消息，可能会让你觉得受到了人身攻击。当谈到纪律处罚、糟糕的表现、裁员或解雇时，你有没有极力保持乐观？如果你觉得将来自己可能需要面对类似的问题，可以重新回顾 ASK 三部曲。

如果你从来没有类似的谈话，你觉得原因是什么？是因为你表现得太优秀，还是领导没有给你直率的反馈？或者，你把自己保护得太好，不去索求更多权益也不愿意冒险？

被拒绝

如果错过了重要谈话、政策制定或关键决策，那么你几乎不可能提出有影响力的请求。无论对方是有意还是无意的拒绝，你都得不到有用的信息和见解。如果你不知道游戏规则或者游戏场地，你就无法参与其中。

即使确信没有交流或技术障碍，你还是有可能会在做决策时被拒之门外。被拒绝是有迹象的，尽管你付出了最大的努力，还是有可能会出现下列情况：

请求参加活动、电话交流或会议，却没有得到回应。

没有被邀请参加非正式谈话或宴会。

从重要通信名单或电子邮件链上除名。

没有被邀请参加会议或者是会议前的独立会议。

你有没有体验过被拒之门外的感觉？有时候人们用不回应或者不邀请你参加谈话来表示拒绝。有些时候你参与了对话却被无视了，或者被打断、被说服了。会议这种形式是最糟糕的，因为越是正式的谈话，越容易将谈话内容从你的请求或主题转移到别的话题上。

弗兰非常担心现在的投资候选人，因为公司并没有调查他们的背景。她向选拔小组提出自己的疑虑，选拔小组却告诉她："弗兰，我们都希望这笔交易能达成，别人都觉得没有什么问题。"

弗兰认为自己的请求很合理，于是她继续说："我们要谨慎一点才行。我们每个人都有信托责任，我想没有人愿意冒险。在进入风险项目前，我们要如何确保对方的财政状况良好呢？"她所提到的责任引起了大家的注意，最后，弗兰调查了这些候选人的财政状况，并且证明了自己的疑虑是对的。

赢得比赛

与消息圈内的人结盟能帮助你应对被拒或者发现拒绝幕后的动机。如果某个会议通知你没有收到，看看是否能让某个助理或者其他人告诉你会议的时间地点。试着寻找规律，比如会议日期或时间点。与这些潜在盟友进行一对一谈话，多问一些问题帮助自己更好地理解。

> 只要我得到自己想要的，无论别人觉得我多么无知都无所谓。
>
> 他觉得我很蠢，因为我比他矮，而且又年轻。我并不是在抱怨，他犯的错对我是有帮助的。要不是他根本不理会我的请求，我也不会这么做。

那些忽视你的人低估了你的能力，把这一点当作自己的武器。

当你大胆提出请求时，他们可能会卸下防备，给你更多的信息或更好的结果。有些人可能不知道你的专业实力或丰富的经验。没关系，一路顺风顺水反而不一定能成功。

取消“喜欢我”按钮

知道什么最难吗？有些人不喜欢你的请求。不是所有人都会喜欢你或者同意你的请求。说实话，这并不是坏事。你不需要所有人的认可，尤其是那些陌生人或者几乎见不到的人。随便一个路人甲的评论对你并没有什么用。你也不需要去改变他。精神上祝他幸福，希望他将来能变得聪慧一些，然后继续走你的路。

销售专家凯伦安妮·拜亚斯·哈勒（Karen Anne Byars Hall）给她的妹妹讲了不是每个人都愿意包容别人这个残酷的事实：

> 如果别人不喜欢你，（可能）无论你做什么都改变不了他们的想法。你会轻易改变对别人的看法吗？很抱歉，你什么也做不了，所以，就随他去吧。但好消息是，还是有人喜欢你的，他们也很难改变对你的看法。

遇到挑剔、高傲、消极或非常讨厌的人并不是一件坏事，他们一遍遍地提醒你不要让自己变得像他们一样。他们有自己的问题、烦恼和痛苦。不要让这些人在你的脑海中占据一席之地并且成为你的烦恼，学会驱逐他们。

> 不要和猪摔跤。你们两个都会弄得浑身是泥，但只有猪乐在其中。
> ——得克萨斯俗语

让人讨厌的人

在某一刻，你有没有觉得自己处在长大版的高中生活中？那个讨人厌的小孩长成了讨人厌的大人，还是一样喜欢折磨别人。更有甚者，可能极度自恋或者毫无良心可言。你战胜不了他们，但要记得专业素养不能丢。将自己的请求和回应从情绪中脱离出来。不要透露个人信息或者弱点，他们很有可能会借助这些让你难堪或者在背后捅刀子。用提问来保护自己，对任何项目或对话内容做进一步确认，然后将得到的回复记录在案。悄悄地向法律顾问、高管教练、导师或人事部门寻求帮助。

高压战术对长期关系不起作用。实际上，没有人能强迫别人达成协议或者期望对方欣然遵守协议。忐忑不安的一方常常会寻找时机破坏协议，而不是提出请求或者试图建立长期关系。

如果对方说“不”或者给了你一个毫无意义的回复，你当然可以直接揭穿他们的目的。但如果他们的行为没有对你造成伤害，你也可以选择容忍。如果不想揭穿他们，你完全可以不这么做。（如果你这么做了，还有可能会促使他们改变策略。）核对他们的声明或态度，如果他们的回复听起来不正确，向他们提问。集中注意力在你的目的上并且坚持你的立场。坚持立场比反击更有效。

不要提让人讨厌的请求

不要在请求时下最后通牒或者耍诡计。你应该做充分的准备工作，而不是使用一些业余手段，比如在情绪上迷惑对方，再比如咆哮、退缩、叹气或者翻白眼。同理，当对方有这些行为时，他们的可信度也就值得怀疑了。

提出一个重量级请求，但不要对细节太过挑剔。如果你过于吹毛求疵，只会伤害或激怒对方，最终迫使他们离开。你要有能力支撑自己的请求，而不是耍一些鬼鬼祟祟的伎俩。这些伎俩很少奏效，特别是在高风险请求或长期关系中。保持尊敬有礼，即使对方并不是这样做的。他们糟糕的表现只会让他们自己难以释怀。

请求的诡计和套路

常见的诡计和策略主要是在情绪上迷惑对方，包括：

用后退、叹气或白眼让你感到不安或质疑自己的请求。

试图增加自己的获益或者试图让你花费更多。

假装他们突然需要与更高职位的人确认。

一个唱红脸，一个唱白脸。

诡计的目的往往是促使你花费更多或在请求被同意或协议达成时使自己得到更多。

如果你想知道更多在提出请求时可能会遭遇的诡计和套路，或者对抗这些诡计和套路的方法，可以访问 www.AskOutrageously.com 网站。

调整自己的请求

不要太沉迷于做好攻略的这条小道而放弃一整片森林。只要到达终点，你选择的路不必与计划的完全一致。灵活一些，给自己更多的选择空间。当你犯了错，尽力修正它然后调整你的行程。

索求指导指南

让你的下属阐述该如何改善自己的表现，让他们知道你的期望标准然后问他们该如何达到你的标准。尊重对方，要明白大家都是成年人，能决定好自己的未来。

询问一个表现不佳的员工，是想要改善自己的表现还是换一家公司工作。不要强制执行规则，离开是一个非常强有力的授权方式，它能带来巨大的潜在收益。你的请求对员工是有影响力的，他会仔细观察你是认真的还是吓唬他的。

本章回顾

面对一个不愉快的意外或者意想不到的回复时，保持冷静然后开始提问。

不要提让人讨厌的请求。避免在请求时使用最后通牒、诡计或套路。克制自己运用诡计的欲望，并准备好打败针对你的诡计。

学会适应请求后的沉默。允许对方有思考的时间，克制自己因为紧张而试图通过聊天打破沉默的冲动。

问一问自己

过去提请求时我用的哪些方法是有效的？

我曾收到哪些出乎自己预料的非凡结果？

如果我没有得到自己想要的回复，我该如何回应？

这个行为很奇怪，他们是不是想给我设套？

如果我关心的人想要提出一个类似的请求，我会给他们什么建议？

索求能力大冲刺

观察以下三个常见的请求诡计，学会运用这些反诡计方法。

保持冷静，集中注意力。

当对方试图转变话题时，请求他们停留在现在的话题上。当对方说“先不讨论这个，还有其他一些问题值得商榷”时，准备好回击这一“搁置诡计”。此时你可以说：“不行，这个问题对我来说很重要，我希望先解决它。”

请求对方给出做决定的标准并要求给出理由。当对方称要获得上司、董事会或委员会的允许时，回击这一“领导诡计”。你可以说：“他们通常都会听您的意见，不是吗？”或者说：“您会推荐他们同意我的请求，对吗？”

当你听到一个不符合逻辑的请求时，询问对方是如何得到这一结论的，保持冷静然后回击。你可以说：“您可以跟我解释一下您的想法吗？”或者说：“您可以向我展示您是怎么得到这些数字的吗？”看似荒唐的请求可能是因为错误传达，不是他们需要进一步培训就是你需要进一步培训。

获得成功的秘密武器

www.AskOutrageously.com 网站上可以找到一些人们常用的对请求可能会用的诡计列表和反击方法。

Part 4

请求后，你得到了什么结果？

研究表明，那些大胆说出“我想要”的人，多半已经成功了。当你大胆地提出请求时，获得的结果往往比预期的要好。

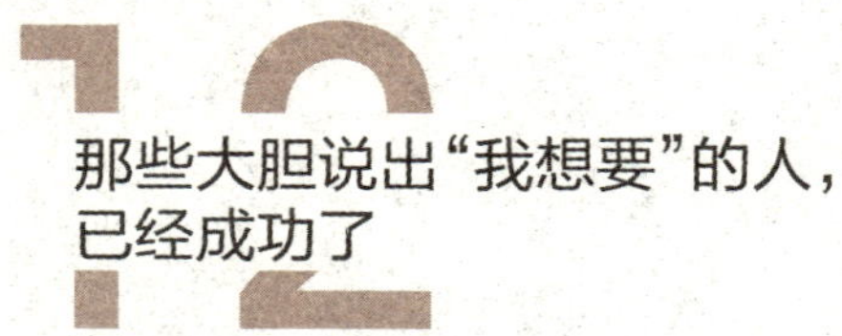

那些大胆说出“我想要”的人，已经成功了

当你大胆地提出请求，获得的结果可能会比期望的更好。风险越大，涉及的人越多，不确定因素也会越多。有些人羞于提重量级请求，但实际上，在一堆小利上纠结更困难，而且不值得。美国北部有一句俗语：“做到了就不是吹牛了。”这一章中的方法和智慧结晶来源于一些已经“做到了”的人，他们都提出了高风险请求并且获得了成功。好好看一看这些最佳案例，这些人能定期提出重量级请求。选择你认为能帮助你提升请求成功概率的方法。

高风险请求

高风险请求常常涉及较高的金钱数额。谨慎地对待这类请求能让你获得更多。为了得到满意的结果，你需要用与众不同的方式进行索求，以及索要与众不同的东西。

> 虽然我的上司和她的上司同意免除这200万的欠款，但我还是大胆地提出了请求。我给代理商打了最后一通电话，请求这家汽车公司偿还欠款。就在当天晚上，他们还了这笔钱。

分解请求

当你提出更大或更高风险的请求时，需要做更充分的准备工作，更应该以受益者的角度看待问题，着手制订方案来帮助自己获取额外利益，处理问题和达到目的。你会心甘情愿地付出更多努力，研究方案对策，面对和处理各种不同的利益。

从某些角度来说，高风险请求比小请求更简单，因为人们对大收益的关注度比小的更高。有趣的是，在高风险请求中，人们对结局所投入的个人偏好会减少。比如，1万美金能让小公司思前想后，然而，如果你索求100万美金，那么多1万少1万就变得不那么重要了。

索求大师会将复杂的高风险机会看作一系列针对不同对象的不同请求。高风险请求需要耐心加勤奋，再加上对细节的注意。针对一些非常细化的请求，比如技术建议，在适当的地方需要细致地罗列请求及对应的解决办法。试着将大请求分解成一个个小请求。

拜伦是一家大型国防承包商的高级工程师。他的工作是对美国军用及国家航空航天局（NASA）的飞机提出升级及改进意见。值得一提的是，拜伦的高风险提议总是能被采纳。如果政府决定执行他的项目，就会与拜伦的公司签订合约。究竟拜伦能得到内容烦琐细致但却收益几百万美金的合同的秘诀是什么呢？“我仔细地看完他们的征求建议书，然后给出他们想要的东西。我会回答他们抛出的每一个问题。不管他们的请求是什么，我都会逐字逐句地给出解决方法。当我们请求他们考虑我们的解决方案时，我会表述得非常清楚，尽可能地去除不必要的专业术语，用通俗易懂的文字来表达。同时，如果我们提供了与他们想要的不一样的解决方案，我会把这个选择放在一个单独的提案里。”

注意自我价值

提出高风险请求需要有自信，并且要有一点胆识。索求高额报酬或高级职位常常需要关注你能给公司带来的价值。展示自己的贡献是成功的关键。推动进程并获得史无前例的结果则需要高度集中的注意力。报酬、利益和所有权常常被用来嘉奖杰出表现者，鼓励他们继续为公司做贡献。你的贡献远远比你自己感觉的要多得多。

> “我请求成为一笔交易的主要负责人并且成功了。虽然这笔交易不是我发起的，但是我全程跟进的。我的请求并不是惯例，所以发起人拒绝了我。然而董事会对我的付出表示认可，领导层觉得成为负责人是我应得的。”

我并没有简单地辞去管理层职位，而是要了6位数的遣散费，并且成功了。

《像领导一样的交流》（*Communicate Like a Leader*）的作者黛安娜·布赫（Dianna Booher）是一位交流专家，她告诉我们：“谦逊和自信并不是相互排斥的特质，它们都是你对自己的正确认知。”

挑战常规

索求大师选择挑战常规并且不按常理出牌。他们是工作和生活中的佼佼者，是方法技巧的主导者。他们的索求方式比大多数人更有创意，思考模式比别人更有新意。他们获得的成功甚至只是尝试，更容易被高级别的决策者注意，也就是那些需要注意的人。你是愿意被拒绝还是选择打乱对方的思绪？有时候你可能需要找碴儿。

> “我们请求客户购买另一个版本的产品，这个版本并不符合行业惯例。客户付的钱与之前的版本一样多，但是我们的成本低了很多。然而有几个客户非常喜欢这个新版本，最终我们获得了上百万的利润。”

苏是纽约一家国际猎头公司的招聘主管，她会问一些看起来显而易见的问题。苏的职责是替一些大公司寻找高级管理层的人才（比如首席执行官，首席营销官，首席财务官，首席技术官，等等）。找到一个适合的人，苏能得到30万到100万的报酬。然而她却冒着失去报酬的风险问了一个让其中一个客户非常吃惊的问题："这个岗位有什么问题？或者说，你们公司有什么问题？你们自己为什么没有能胜任的人，以及为什么没有一个好的管理体制呢？"苏质疑了这家公司的高营业额和低人才输出，她说："对客户来说，最让他觉得惊讶的是我的大胆或者说问出这个问题时的那种自信。更重要的是，我让他们当场就回答这个问题。"苏并没有像很多猎头公司那样"急于完成交易，找个人干这份工作或者拿了钱就跑"。正因为如此，苏得到了客户的尊敬及长久的合作关系。

你有没有准备好事后道歉？不是所有人都喜欢你在方法上的改变或者不按常规行事的。

大卫是一家汽车经销商的任事股东。他面临着存货多、销售缓慢的问题。于是大卫开始找寻一些提高销售速度的办法，他打电话给一家大型国家汽车租赁公司，希望对方能下 50 辆车的订单。对方在大卫公司做了简单的考察后，增加了订单量并且与大卫签订了长期协议，共 2000 辆车，4000 万美金。大卫非常兴奋地打电话给工厂代表，请求下一个制作 2000 辆车的订单。

对方并没有表示高兴，相反，大卫得到的回复让人并不愉快："从来没有经销商下过 2000 辆车的订单，大单客户必须直接跟工厂签订合同。"与对方多说无益，于是大卫提出了另一个高风险请求，他大胆地打电话给厂商的 CEO，请求立即下单。

第二天，大卫与 CEO、销售副总裁和生产副总裁通了电话，

CEO 问大卫为什么国家汽车租赁公司直接跟他做交易，这并不是行业处理大订单的传统做法。大卫回答：“我也问了同样的问题。对方是这样回答的，他说，‘工厂代表从不回复我的电话。我想买车，大量的车。你打电话给我卖车，我需要这些车，那我就买它们，就是这样。’”大卫告诉工厂的几位领导：“作为一个经销商，我的工作就是卖车。我不会对更大的生意说‘不’。”CEO 对大卫的话表示赞同。

最终，大卫完成了这笔 4000 万美金的订单，又下了另一个 4000 万美金的订单，并且获得了这两笔订单的报酬。他现在是一家大型汽车集团的合伙人。他说：“今年我们会卖出 15000 辆车。现在我每天都会出去找生意。”

高风险建议

你如何给在乎的人提建议，帮助他们提升请求结果？问到这一问题时，受访者们提供的方法大部分为角色扮演或者讲故事。他们的建议出奇地一致：承担风险，直接索求。

虽然害怕，但还是要提。

你永远得不到自己没有索要的东西。

最坏的情况是什么？

请求许可

你已经克服了恐惧与阻碍，尝试了所有突破性方法，然而还是没有索求自己想要的。为什么？你在等有人主动问你你想要什么？试着回答下列问题：

你会先找朋友给你提意见或者找同伴与你达成共识吗？

你会不会找一些相应的文章、书籍或网上资料给你增加提出请求的信心？

你会不会在脑子里想象各种各样可能的场景或者罗列出提出请求的优缺点，但从不采取行动？

虽然有某位作家的文章或者某个朋友的赞同让你感到安心，但你真的需要他们的认可吗？你在搜索和比较选择上似乎已经做了大量的工作。你期望有权威人士或专家告诉你，你的请求被许可了？没问题，不要再找了，你的请求被同意了。

至此，你大胆提出请求的提议被批准了。无论你用了什么样的法律或道德手段来达成目标，你的请求最终被允许了。只要你认为某些资源、努力或才能是达成目标的必要条件，你就可以请求。

你知道自己想要什么吗？如果知道，不要做那么多不必要的工作，允许自己提出请求，允许自己获得成功，然后叫上三五好友庆祝一番。

成为索求大师的最好方法

大胆提出请求的人使用的方法往往是相互依赖与关联的。这些方法对高风险请求很有效，也能对请求对象产生影响。

尽量选择面对面交流。人们在邮件和短信等社交媒体上说“不”会轻松很多。如果可以，提请求时请面对面交流并且以私人层面的关系说服对方。通过科技产品进行交流会大大减少彼此建立良好关系的概率。找到跟活人对话的方法，而不是按按按钮，填填表格。找到能让对方跟你通过电话后希望见面，见了面后希望继续保持联络的方法。

> 我是个很好的听众，我能读懂人们的肢体语言。在电话或电邮中，我会尽量避免冗长的对话。

按最坏的结果做准备，期待着最好的结果。以最糟糕的情况做准备。如果对方没有给你你所期望的结果，也不要感到意外。

提请求时要灵活多变。始终将注意力放在结果上。不要死死盯着你规划好的方法，要会变通。控制你能控制的一切。

对别人的回答提出质疑。不要完全相信对方的话，他的话并非每一句都是正确的。要相信自己的直觉。如果得到的回复是很可笑的、不符合逻辑的，或者和你之前得到的信息有冲突，请求提供独立的支持材料或者证明。

数字会说谎，说谎的人也会伪造数字。

确认自己掌握的一切信息。面对有影响力或者位高权重的人，更应该做充分的准备。知道自己有哪些数据，选择能够奏效的方法，检测自己拥有的信息的真实性。人总会犯错。

持续地问问题。对方说得越多，对你越有利。请求对方进一步解释。问对方是如何得出现有结论的。通过提问判断对方的动机和真正感兴趣的东西。

总结他人的错误。在提出请求前，询问过来人他们曾尝试的有效的或无效的方法。找到那些成功的人，然后模仿他们。你没有那么多时间去尝试所有的方法。

有幽默感。没有幽默感？那就去找一点。保持正确的态度和清晰的思路首先需要放松。面对一些荒诞的请求，大发雷霆还不如开个玩笑来的自在。

> 当我想要找一个客户帮忙时，我总会带去一杯他最喜欢的星巴克咖啡。这件事变成了一个可以开玩笑的由头。每当他看见我带着咖啡去找他时，就会说：“这次你想要什么？”即使我可能紧张不安，但因为他的玩笑心情一下子放松了很多。

为此时此刻提出最好的请求。很多交易都是在当时综合因素的影响下达成的。同样的情景、同样的涉及者和同样的局限都不会出现第二次。问自己：“这是根据现有的信息、现在出现的对象，能提出的最好的请求吗？”

权衡得到的回应。你的请求可能会得到矛盾的建议或者不请自来的建议。考虑得到的建议和它们的来源，然后判断哪一个建议最适合你和你的处境。

不要给自己太大压力。别再担心自己索求的太少或者错过了一个更好的机会。为现在的处境做最好的准备，然后提出请求。花的时间越多，得到的信息越多，也许能让你得到更好的结果。但是，花费太多时间从而延迟了行动就可能会导致请求失败。与此同时，对方或许会离去或者在这期间寻找对付你的方法。

信守承诺。尽自己最大的努力说到做到。

维持良好关系。不要炫耀自己的成就。你永远不知道什么时候会风水轮流转，让你处在劣势。无论请求是否被同意，都要保持友善，因为下一次你可能还会遇上同一个人。

别太依赖自己的请求。不要执着于完成请求，最终导致接受了一些并不是心甘情愿接受的选择。没有什么事只有一种选择，你完全可以改变自己的请求或者换一个请求对象。

不要拒绝离开。无论在什么请求中，一旦失去了离开的机会，就失去了主动权。给自己准备一条后路，知道当请求失败时该怎么做。

将协议写在纸上。保证交流内容清楚明朗的最有效方式，就是将你的理解写在纸上，即使是一些小协议也不例外。记忆中的事是会被淡忘的。在任何观点变成破坏协议的因素之前，先解除所有误会。如果你的请求被同意了，至少写封跟进邮件或写张便条。

面对现实。当回顾请求全过程时，对自己友善一些。考虑请求可行的可能性、面对的时间期限以及获得的结果。并不是所有请求都能如你所愿，也并不是所有请求都应该或者都会被同意。

大胆提出请求。不，多要一点并不是贪心。你永远不知道自己什么时候能多得到一些。如果你不多索求一些，你就没有能够用来交换合理东西的资本。提出大胆的请求，看看会发生什么。

如果以上内容你都做到了并且能大胆地提出请求，那么恭喜你，你已经是索求大师了！

索求指导指南

让你的下属或指导对象观察除你以外的优秀的谈判家或生意人。然后让他们汇报他们观察到的最好的请求方法。

让他们找出两个高风险请求然后向别人提出，同时，让他们知道你可以给予他们指导。

本章回顾

高风险请求有更多不确定因素，但不要乱了方寸。从某些角度来说，高风险请求更简单一些，因为对方会更注重大局而不会在小利或小钱上投入太多精力。

索求大师有幽默感，他们知道自己的实际情况并且活在现实之中，他们对自己的请求表示满意。不要反复猜测自己是不是索要得太少或者担心某些方面可以做得更好。当你对自己达成的交易感到满意时，才能继续前进。

不断问问题。对方说得越多越好。通过问题判断对方的动机和真正感兴趣的东西。问！问！问！

能回答这个问题，“这是基于我所掌握的信息，知道所有涉及者后，能提出的最好请求吗？”虽然投入更多的时间，获得更多的信息也许能够提高成功率，但因为准备太久而导致延期会给对方更多思考的时间和搜集资料对付你的时间。

不要拒绝离开。当失去离开的能力时，你也就失去了主动权。给自己留一条后路，知道请求被拒绝后自己要怎么做。

问一问自己

如果我被拒绝了，我的B计划是什么？

不要拖拉。根据我所掌握的信息，现在我能提的最棒的请求是什么？

如果我没有得到自己想要的回复，我该如何回应？

我该怎么观察请求大师的行为？

索求能力大冲刺

当面请求。不要给你的老板或同事发邮件，给他们打电话，如果可以，直接走到他们的办公桌前面对面交流。

做好记录。当请求成功时，至少给对方发一封邮件，将协议内容记录在案。（之后你会感谢自己。）

观察索求大师的行动。观察他们用了哪些方法。

获得成功的秘密武器

在 www.AskOutrageously.com 网站上打印一份正式的请求允许承诺书。如果你已经阅读到了这一行并且做了所有的练习，你值得成为一个大胆提出请求并且能够得到非凡结果的索求大师。

恭喜你！在网站下载你的索求大师证书吧！

后 记

大胆提出请求是有效的。经验和研究一次又一次地验证了在请求中，人们能够得到比自己认为的更多的结果。他们提出能改善自己和他人生活的请求，并且得到了非凡的结果。

写这本书也鞭策着我要言行一致，大胆提出请求。从最初的策划到最后的投稿，我一直跨出自己的舒适带，去索求我想要的。虽然我也会过度分析和担心自己的请求，但最后的反馈和结果还是非凡得让人惊叹。

在这个项目中，通过大胆请求，我体验了非凡的结果并发展了良好的人际关系。我的朋友帮助我一同策划，给我介绍出版社，并且提供了深入的编辑指导和修改建议。当我请求他们时，我做演讲和做生意的朋友在不到一个月的时间里，帮助我得到了比原来多一倍的受访反馈。那些我敬重的人非常愿意为我提供引言并且支持我的研究。这本书是由我在新加坡管理大学的 TEDx 演讲修改而来，在这一过程中，我的朋友们对我进行了辅导，鼓励甚至督促我做得更好。

成功是属于那些愿意索求的人的。多索求，并且大胆地索求。

写这本书有没有帮助我克服这么多年来萦绕心头的痛（跟杰·雷诺合影）？这是个好问题！实际上，一次次惨痛的经验教训帮助我形成自己的观点并获得更好的结果。在我把初稿交给出版社的那个星期，杰来我的家乡达拉斯演出。我们给他的代表发了邮件并且在社交媒体上开展了一个与杰合影的活动。（很明显，我们有些热情过度了。杰的工作室友善地提醒我们，大胆提出请求和骚扰是有区别的。）

你猜结果如何？大胆提出请求又奏效了！

我们收到了后台通行证。我的丈夫、朋友和我自己在杰的演出前跟他见了面。他非常亲切。接着，我们一同观看了他的拿手节目。这一个半小时，我们看着他掌控整个舞台，不停地逗乐观众，而且，我拿到了我想要已久的合影！

这也给我们上了最后一堂课：

> “当你得到了你想要的——收手然后庆祝！”

在这里，我要给出的建议也是一样。专注于自己想要的然后联系能帮助你的人来得到它。你能做到的。突破性进展和非凡的结果在等着你。

你需要通过提出请求才知道结果。你需要通过提出请求才能成长。（而且有时候你需求请求见杰·雷诺。）现在，提一些大胆的请求吧！

致 谢

如果没有赞·琼斯（Zan Joes）无价的见解、资源分享和支持以及关于强势表现的建议，这本书是不可能完成的。谢谢黛安娜·布赫（Dianna Booher）第一个建议我出书并且为我提供各种信息、人力、鼓励和多年的友情支持。感谢金吉·谢利海默（Ginger Shelhimer），你为我提供的意见、建议和鼓励都是无价的。康尼·皮斯特塔（Connie Podesta），谢谢你告诉我“谈判”的主题高度不够并且给我提供修改建议。还有霍华德·帕特南（Howard Putnam）和马克·拜伯恩（Mark Sanborn），你们俩大胆地提出这本书应该献给你们，我希望你们能够接受在此对你们的专业知识、支持和指导的真挚感谢。

谢谢新加坡管理大学的 TEDx 演讲和希瑟·汉卡默（Heather Hankamer）给我这个机会做“世界需要你大声说‘我想要’”这场演讲。

谁会知道跟杰·雷诺（Jay Leno）要求合影能产生这么非凡的结果？我会在 TEDx 演讲还要感谢戴夫·利伯（Dave Lieber），你的坦率、鼓励和建议都让我受益匪浅。还有海莉·福斯特（Hailey Foster），一直给我提建议并且全程为我鼓气加油。谢谢洛丽·艾伦（Lorri Allen）、克莉丝汀·卡申（Christine Cashen）和萨莉·迪克逊（Sally Dickson）提供的演讲指导。

致谢 BK 团队：尼尔·马里特（Neal Malliett）、史蒂夫·皮尔桑迪（Steve Piersanti）和吉夫斯·西德苏巴马（Jeevan Sivasubramanian）。你们的指导、建议和质疑帮助我让这本书更完善。史蒂文·西亚特（Steven Hiatt）和苏珊·朗（Susan Lang）为我提供了独到的建议。评论员简·卡斯帕森（Jane Casperson）、罗杰·彼得森（Roger Peterson）和珍妮·威廉（Jenny Williams）在编辑方面为我提供建议和帮助。感谢拉塞尔·惠普尔（Lasell Whipple）和你的团队在装帧设计上付出的努力和对我的帮助。迈克尔·克劳利（Michael Crowley），玛丽亚·杰西·爱格罗（Maria Jesus Aguilo），纳姆·班纳吉－麦克法兰（Shabnam Banerjee-McFarland），克莉丝汀·皮朗茨（Kristen Frantz），凯瑟琳·朗格隆（Catherine Lengronne）和卡迪·希恩（Katie Sheehan），让我们大胆地分享这本书给所有需要它的人吧！谢谢安德斯·蕾妮（Anders Renee），金吉·温特斯（Ginger Winters）和整个 BK 大家庭的支持。

感谢由心理学家、神经病学家、人力资源专家、交流专家、谈判专家、管理层人士和组织行为专家组成的专家小组。大家一同研究为什么人们不愿意索求及如何请求这个问题。他们是约翰·帕克里克·多兰（John Patrick Dolan），基普·伊兹（Kips Eads），吉尔斯·哈里森（Kris Harrison），唐·休斯顿（Don Huston），罗宾·李维斯（Robin Lewis），苏珊娜·利文斯顿（Suzanne Livingston），吉纳·摩根（Gina Morgan），伊莱恩·莫里斯（Elaine Morris），布兰登·沃克（Brandon Walker），南希·温克勒（Nancy Winkler）和史蒂夫·辛森（Steve Zimmel），并且特别感谢雪莉·巴芬顿博士（Dr. Sherry Buffington）和梅尔·怀特赫斯特博士（Dr.Mel Whitehurst），感谢你们付出的时间和关于如何交流、联系和思考的专业建议。如若有什么错误，完全是我个人的问题。

感谢这 1163 位受访者协助我们完成研究并且分享了自己在索求上的经历和解决方法。你们可以在这本书中看到你们的贡献。谢谢所有转发我的研究并且分享给自己的朋友的人。

特别感谢那些付出超过自身职责范围的伙伴们，贝蒂·嘉瑞特（Betty Garrett），辛迪·哈特钠（Cindy Hartner），梅兰基·希尔斯（Mellanie Hills），罗克珊·英格拉姆（Rexanne Ingram），帕梅拉·杰特（Pamela Jett），伊丽莎白·麦考密克（Elizabeth McCormick），萨莉·帕斯夸里（Sally Pasquale），吉尔·希费贝思（Jill Schiefelbein），玛丽琳·谢尔曼（Marilyn Sherman），米基·威廉姆（Mikki Williams）和杰米·希费贝思（Jamie Windle）。你们的建议和不断的鼓励让我保持清醒。

感谢那些提供大胆提出请求的成功案例并且允许我们分享这些故事的人们。

在传播这项研究方面，我尤其要感谢米歇尔·亚当（Michelle Adams），特丽·巴雷特（Terri Barrett），崔西·布朗（Tracy Brown），琼·塞林（June Cline），黛安娜·戴伦（Diana Damron），雪莉·德拉加沙（Sherry Delagarza），佩琦·艾布维亚（Pegine Echevarria）（在我犹豫不决的时候替我写下在社交媒体上请求参与研究的推广文章），潘尼·格拉斯科克（Penny Glasscock），塔玛拉·汉密尔顿（Tamara Hamilton），黛博拉·赫林顿（Deborah Herrington），奥利维拉·弗雷泽·克尔（Olivia Frazer Kerr），麦克·林肯（Mike Link），但丁·洛佩斯（Dante Lopez），玛丽·马克丹特（Mary Marcdante），梅林达·马库斯（Melinda Marcus），希里特·麦耶森（Hariett Meyerson），卡迪·纳尔（Katie Nall），艾莉森·必斯雷·诺森（Alyson Beasily Northen），安娜·帕金斯（Anna Parkins），凯西·本奇·帕特森（Cathy Bench Peterson），凯西·罗杰斯（Cathy Rogers），苏珊·夏皮罗（Susan Shapiro），谢丽尔·史密斯（Cheryl Smith），乔·苏林斯基（Joe Solinski），帕蒂·诗特恩（Patty Stern），香浓·太特（Shannon Teter），韦德·托马斯（Wade Thomas），苏珊·蒂德维尔（Susan Tidwell），尚妮·黑森·云（Sunny Heesun Yun），布莱恩·文森（Brian Vinson）（将这项研究分享给5000位高中校友）和桑迪·伟夫（Sandy Weaver）。

感谢那些除受访者外向我们提供大胆提出请求并且获得成功的故事和建议的人，以及那些匿名的超级英雄。

感谢我在美国专家演讲家协会的朋友和同事。这几年你们一直告诉我写作和靠演讲为生是可行的。感谢阿尔德门圣道公会（Aldersgate UMC）唱诗班和教堂的朋友为我祷告，希伯伦中学（Hebron High School）的教练和家长们在需要的时候伸出援助之手。感谢伟事达团体，感谢我值得信任的建议同盟，感谢早餐伙伴，感谢我的钻石部落，你们向我展示了个人和企业能取得突破的可能性。

感谢我的客户们，特别是爱立信，专业零售维护协会以及关注这个主题并且帮忙提出有效解决方法的所有人。感谢蒂姆·可克林（Tim Cocklin），休·卡尔弗（Huge Culver），菲尔·格白沙克（Phil Gerbyshak），菲尔·莱因哈特（Phil Reinhardt），福特·赛克斯（Ford Saeks）和金伯利·沃德沃斯（Kimberly Wadsworth），感谢你们在网络和其他我希望自己能精通的技术方面帮助我。感谢吉米·威尔斯（Jimi Willis）一直确保线下工作的正常进行。

特别感谢杰·雷诺和大人物制作公司（Big Dog Production）的伙计们。你们让我明白第一时间提出请求的重要性。之后，当我继续提出请求时，你们又热情地展示了该如何获得非凡结果。谢谢我的朋友柯莱特·卡尔森（Colette Carlson）在几年前安排了这么一群演讲行业的同事们参加这次命中注定的《今夜秀》。

最后，我要感谢我的家人。帕特（Pat）和科伦·拜亚斯（Bryon

Byars），我的爸爸妈妈，你们一直是我的鼓励者和最棒的编辑。我的哥哥特雷・拜亚斯（Trey Byars）和姐姐凯伦・安妮・哈勒（KarenAnne Hall），妹妹斯特西（Stacy）和妹夫蒂姆・麦基（Tim Mackey），还有伊恩（Ian），罗拉（Laura）和佐伊（Zoe），你们一直鼓励我，给我启示，为我展现如何大胆提出请求。谢谢泰勒（Taylor），派克（Parker）和维多利亚（Victoria），是你们让这个家庭变得更优秀，是你们一直祝福我，包括你们提出的大胆请求。还有格雷格（Gregg），你是我的后盾，是我最好的朋友和依靠。你问了一个最棒的问题——愿不愿意嫁给你，我这辈子最明智的决定就是在那一刻说了“我愿意”。这才让我们有更多非凡的时间一起度过！

图书在版编目（CIP）数据

别输在不敢提要求上 / (美) 琳达·拜厄斯·斯温德林著；翁婉仪译. -- 南京: 江苏凤凰文艺出版社, 2018.6

书名原文: Ask Outrageously! — The Secret to Getting What You Really Want

ISBN 978-7-5594-0873-0

Ⅰ. ①别… Ⅱ. ①琳… ②翁… Ⅲ. ①商务谈判 - 通俗读物 Ⅳ. ①F715.4-49

中国版本图书馆CIP数据核字（2017）第326649号

著作权合同登记号：10-2018-002 号

书　　名	别输在不敢提要求上
作　　者	（美）琳达·拜厄斯·斯温德林
译　　者	翁婉仪
责任编辑	邹晓燕　黄孝阳
出版发行	江苏凤凰文艺出版社
出版社地址	南京市中央路 165 号，邮编：210009
出版社网址	http://www.jswenyi.com
发　　行	北京时代华语国际传媒股份有限公司　010-83670231
印　　刷	三河市宏图印务有限公司
开　　本	880 × 1230 毫米　1/32
印　　张	7.75
字　　数	160 千字
版　　次	2018 年 6 月第 1 版　2018 年 6 月第 1 次印刷
标准书号	ISBN 978-7-5594-0873-0
定　　价	45.00 元